청춘 여행스케치

청춘 여행스케치

초판 1쇄 인쇄 | 2018년 2월 1일
초판 1쇄 발행 | 2018년 2월 5일

지은이 | 허솔
펴낸이 | 김휘중
펴낸곳 | 위즈플래닛
주　소 | 서울시 양천구 목동 923-14 현대드림타워 1307호
　　　　 경기도 고양시 일산서구 덕산로195 114-3 (물류-신한전문서적)
전　화 | (직통) 070-8955-3716 / (주문) 031-919-9851
팩　스 | 031-919-9852
등　록 | 2012년 7월 23일 제2012-25호
정　가 | 15,000원
ISBN | 979-11-88508-03-7 03920
인스타 | https://www.instagram.com/wizplanet_book/

위즈플래닛에서는 참신한 원고를 언제나 기다리고 있습니다.
(원고 투고 및 문의 : leo45@hanmail.net)

Published by Wiz Planet, Inc. Printed in Korea
Copyright ⓒ 2018 by 허솔 & Wiz Planet, Inc.

이 책의 저작권은 허솔과 위즈플래닛에 있습니다.
이 책은 저작권법에 의해 보호를 받는 저작물이므로 무단 복제 및 무단 전재를 금합니다.

※ 잘못된 책은 바꾸어 드립니다.

✈ 프랑스・벨기에・네덜란드・터키・스위스

청춘 여행스케치

- 평범한 직장인의 비범한 세계 여행 -

Prologue

세상이 궁금해 전국(해외) 방방곡곡을 여행하며 세상의 아름다움과 만났다.

찜질방에서 잠을 청하기 위해 찜질방의 위치를 묻는 내게 "저도 여행을 참 좋아하는데, 사는데 치여 여행을 못 다녔네요."라며, 자신의 집에 초대해 침대를 내어 주었던 인연도 만났고, 버스가 하루에 한 대 밖에 없어 하염없이 기다리고 있거나 기차 시간이 긴박해 와서 발을 동동 구르고 있거나 막차가 끊겨 숙소로 돌아가는 방법이 없어 식은땀을 흘리고 있을 때 차를 태워 주셨던 수많은 인연도 만났다.

나의 여행에는 언제나 친절과 사랑이 넘쳤고, 그분들의 친절함 덕분에 뾰족했던 성격은 둥글둥글해 졌으며 세상을 아름답게 바라볼 수 있는 눈을 가지게 되었다. 그 때부터였던 것 같다. '언젠가는 여행에서 만난 가슴 따뜻한 이야기들을 글로 적어 누군가의 가슴을 따뜻하게 만들어 주는 작가가 되어야지'라는 꿈을 가지게 된 것이…

따뜻한 글을 쓰고 싶다는 꿈을 꾸고 있던 스물네 살에 떠났던 유럽 여행에서 온갖 사건 사고와 마주했고, 이를 통해 '유럽 여행에서 가장 무서운 것은 소매치기나 집시가 아닌 나 자신이다'라는 사실을 깨달았다. 그리고는 가슴 따뜻한 이야기와 함께 '이런 사고뭉치도 여행을 다니니, 그대들도 떠날 수 있어요'라는 용기와 함께 '그런데 저만 사고 칠 것 같죠? 그대들도 똑같을 거예요. 제가 느낀 설렘과 행복, 두려움, 두근거림 모두 똑같이 느끼실 거예요. 그러니 꼭 떠나보세요'라는 이야기를 전하고 싶었다.

그렇게 여행 작가를 꿈꾼지 8년 만에 꿈이 이루어졌다. 처음 여행 작가를 꿈꾸었던 스물두 살의 목표처럼, 이 책을 읽으시는 분들 모두 제가 여행에서 느꼈던 따뜻함과 즐거운 감정을 공유하며 함께 웃고 즐길 수 있기를 진심으로 바랍니다.

<Thanks to>

거짓말인지 모르고 여행을 허락해 주셨던 존경하고 사랑하는 부모님께 감사드리며, 책을 읽고 배신감에 분노하실 아버지께 죄송하다는 말씀을 글로 전합니다. 멋대로 비행기 표를 구매한 후 통보했음에도 불구하고 흔쾌히(?) 여행을 허락해 주셨던 직장 동료 및 선후배분들께도 감사의 인사를 드리고 싶고, 여행 정보로 가득한 출판사에서 사건 사고로 가득한 여행기를 책으로 출판할 수 있게 노력해 주신 위즈플래닛 직원분들과 사망한 글을 심폐 소생술로 살려주신 에디터분께도 진심으로 감사의 인사를 드립니다.

마지막으로 함께 여행하며 수많은 에피소드를 만드느라 수고했던 분이, 선민이, 혜민이 그리고 여행에서 만났던 모든 분들께 감사의 인사를 전합니다.

Contents

01. 내 생에 첫 번째 프랑스 파리

- Prologue ... 12
- 파리여행의 첫째 날, 개선문에서 시작하여 몽마르트르 언덕에서 마무리 ... 16
- 별이 빛나는 밤 센 강 유람선에서 에펠탑을 바라보다 ... 23
- 베르사유 궁전에 가다 ... 26
- 피에르에르메의 마카롱과 포숑의 마들렌을 먹어본 적 있나요? ... 35
- 파리의 3대 박물관 ... 41
- 노트르담 성당 첨탑에 올라 ... 52

실수도 여행에서는 추억이다 ... 59

✈ 02. 다시 찾은 프랑스 파리

- Prologue 70
- 아날로그 여행의 시작 72
- 몽마르트르 언덕에서 빅맥 먹기 78
- 셰익스피어 앤 컴퍼니에 가기 88
- 신 개선문을 뛰어올라 구 개선문 오르기 91
- 샤요 궁에서 에펠탑과 함께 하는 인생 샷 98
- 시간 많은 파리지앵 가이드와의 시내 투어 103
- 센 강 유람선 타고 야경 한 번 더 122
- 동화 속 세상 스트라스부르에 가다 126

✈ 03. 하루투어 벨기에와 네덜란드

- Prologue 136
- 야경과 빛의 도시 벨기에 브뤼셀 138
- 물의 도시 네덜란드 암스테르담 147

📖 다툼도 여행에서는 추억이다 154

Contents

04. 자연이 만든 터키

- Prologue 162
- 이스탄불 공항에서의 노숙 165
- 이스탄불에 입성하다 172
- 석양이 지는 카파도키아를 만나다 184
- 카파도키아의 하늘을 날고, 땅위를 달리다 193
- 야간버스를 타고 파묵칼레에 가다 200
- 파묵칼레에서 남자가 되다 205
- 이스탄불에서 3만보 걷기 215
- 구질구질해도 괜찮아. 보스포루스 해협 225

배낭여행에서 만난 사람들 232

✈ 05. 여행자들이 꼽은 최고의 나라 스위스

- Prologue　　　　　　　　　　　　　　　　　　238
- 안전한 나라 스위스에 입성　　　　　　　　　　　250
- 스위스의 수도 베른을 여행하다　　　　　　　　　255
- 산들의 여왕 루체른 리기 산에 오르다　　　　　　263
- 체르마트 마터호른을 보며 하이킹　　　　　　　　270
- 액티비티했던 그린델발트에서의 하루　　　　　　278
- 호텔의, 호텔에 의한, 호텔을 위한 아델보덴　　　291
- 레만 호수 지역을 여행하다　　　　　　　　　　　298

01

• 내 생에 첫 번째 프랑스 파리

✈ Prologue

　　프랑스 파리는 내 생에 유럽 5개국 배낭여행 중 첫 번째 나라이자 첫 번째 도시였다. 2012년 2월 어느 날 오랜 벗 분이가 유럽 배낭여행을 제안했고, 그 날 바로 비행기 표를 예약하였다. 첫 해외 배낭여행이었지만 비행기 표를 예약하는 데는 그리 오래 걸리지 않았다.

　　서로 가고 싶은 나라를 나열한 후, 모아서 여행지를 결정했다. 나는 에펠탑의 나라 프랑스와 천재 건축가 가우디의 나라 스페인 그리고 영화 〈천사와 악마〉의 촬영지이자 카톨릭의 상징 이탈리아를 원했고, 분이는 프랑스와 이탈리아 그리고 체코를 원했다.
　　그래서 정해진 나라는 프랑스, 스페인, 이탈리아, 체코

　　가고 싶은 나라가 정해졌으니 In Out을 정해야 했다. 지도를 펼쳐 놓고 고민하다 유럽여행을 다녀왔던 친구에게 조언을 구했다. 그러자 친구는 체코와 가까운 독일을 포함한 프랑스 In 독일 Out을 추천했다.
　　그래서 정해진 일정은 프랑스 파리 In 독일 베를린 Out

　　나중에야 알게 된 사실이지만, 친구가 추천한 독일 Out은 한국에서 직항이 있으며 체코 프라하와 가까운 위치의 독일 프랑크푸르트였다. 하지만 독일 하면 베를린밖에 모르던 나는, 직항도 없고 체코 프라하에서 멀리 떨어져 있는 베를린을 Out 도시로 선택한 것이었다. 여행에는 정답이 없고 무엇을 선택하든 즐겁고 좋지만 더 좋은 선택은 분명히 있다.

　　비행기 표를 예매했다고 해서 끝난 것은 아니었다. 히말라야보다 높다는 아빠라는 산이 남아있었다.

독일 베를린 대성당

이탈리아 피렌체 전경

지금까지 아빠는 내게 무언가를 바란 적이 없으셨다. 그 흔한 '공부해라' '일찍 자라' 'TV 좀 그만 봐라' '책을 읽어라' 따위의 소소한 잔소리조차 하지 않으셨고, 그저 '제발 건강해라' 딱 한 가지만 바라셨다.

다만, '제발 건강해라'라는 말에는 '세상이 위험하니 조심해라'라는 말이 내포되어 있었고, 세상이 궁금해서 직접 보고 싶다는 나의 바람과 언제나 충돌했다.

스물한 살에 떠난 제주도 여행이 내 생의 첫 번째 배낭여행이었다. 자전거를 타고 제주도 해안도로를 달려보고 싶다는 나와, 보호자 없는 배낭여행은 위험해서 보낼 수 없다던 아빠는 3일간 논쟁을 벌였다. 3일간의 논쟁을 통해 얼굴을 마주하고 펼치는 논쟁에서는 아빠를 절대 이길 수 없다는 사실을 깨닫고는 여행 계획서 수준의 편지를 제출했다.

    1. 언제, 어디로, 누구와 가나.
    2. 왜 가고 싶은가.
    3. 얼마나 자주 연락할 것인가.
    4. 여행 경비는 어떻게 모았나.

구구절절이 적은 3장의 편지를 제출하고 나서야 허락을 받았다.

"스물한 살의 여자에게 위험한 여행은 마흔 살의 여자에게도 위험할 거예요. 그렇다면 저는 평생 어디에도 갈 수 없어요. 조심해서 다녀올게요."

스물네 살에 떠난 유럽여행이 내 생의 첫 번째 해외 배낭여행이었다. 일단 비행기 표는 샀지만 항상 눈물을 흘리며 포기해야만 했던 해외 배낭여행이었기에 아빠의 허락을 받아낼 자신이 없었다.

그래서 '사랑하는 내 딸이 배낭여행을 가서 위험에 빠지지 않을까?'하는 아빠를 안심시키기 위해 선의의 거짓말을 했다.

"이제 취업도 해야 하는데, 영어 성적이 안 나와서 파주 영어 마을 가려고. 26일 동안 합숙하는 건데 거기는 완전 외국 같은 곳이라 전화가 안 돼. 그러니까 내가 틈날 때마다 톡 할게."

지금 생각해도 어이가 없다. 저따위 말도 안 되는 거짓말로 아빠를 속일 생각을 하다니. 여행 날짜가 다가올수록 곧 들통 날 것 같다는 불안감에 여행 10일 전 다른 아이디어를 생각해냈다.

"○○ 은행에서 해외여행 보내주는 프로그램에 당첨됐어! ○○ 은행에서 여행 경비를 100% 지원해주고 ○○ 은행 직원들과도 함께 가는 여행이라 전혀 위험하지 않아. 좋은 기회 같아서 파주는 다음에 가려고."

덕분에 열심히 아르바이트해서 다녀온 여행이었지만, 아빠는 ○○은행에 감사해 하셨다. 그리고는 내가 여행지에서 사진을 보낼 때마다 물었다.

"그런데 왜 혼자 찍은 사진만 보내? 단체 사진 좀 보내봐."

그때마다 나는 그 톡만은 못 읽은 척해야 했다.

죄책감이라곤 조금도 없는 새하얀 거짓말쟁이로 떠난 유럽 배낭여행이었다. 이 여행이 첫 번째 해외 배낭여행이었고 프랑스 파리는 첫 번째 나라, 첫 번째 도시였다. 모든 것이 처음이었기에 매순간 새롭고 신기하고 행복했다.

✈ 파리여행의 첫째 날, 개선문에서 시작하여 몽마르트르 언덕에서 마무리

Intro 지금까지 다녀온 나라 중 가장 좋았던 나라를 묻는다면 1초의 망설임도 없이 '프랑스 파리'라고 대답할 것이다. 프랑스 파리는 죽기 전에 꼭 한번 가보고 싶었던 나라였고, 그 꿈을 이룬 후에는 꼭 한 번 더 가고 싶은 나라가 되었다.

대한민국에서 비행기를 타고 13시간을 날아가 도착한 곳이 프랑스 파리 샤르 드 골 공항이었다. 캄캄하고 어둑어둑한 밤하늘을 바라보며 크게 한 번 숨을 들이켜자 '내가 정말 유럽에 왔구나. 여기가 파리구나. 이제 여행이 시작되는구나.'하는 생각이 들며 심장이 빠르게 뛰기 시작했다. 아까 크게 들이켠 들숨이 온몸을 휘젓고 돌아다니다가 심장을 건드린 게 분명했다.

생애 첫 해외 배낭여행의 첫 번째 도시 〈파리〉

모든 게 새롭고 신기했던 프랑스 파리에서의 여행 첫날은 개선문을 시작으로 몽마르트르 언덕에서 마무리했다. 어쩌면 처음 마주한 유럽이 프랑스 파리였기에 더욱 애틋한 감정이 들고 프랑스 파리에서의 첫날이었기에 더욱 기억에 남는지도 모르겠다.

실질적인 파리 여행의 첫날. 파리 여행의 시작은 무조건 개선문에서 시작되어야 한다며 개선문으로 향했다. 개선문으로 가는 버스를 타기 위해 버스 정류장에 서 있던 백발의 아저씨께 물었다.

"I want to go to 개선문."
"?....ge.......sun...?"

분이가 내 옆구리를 쿡 치며 말했다.

"야! 개선문은 한글이잖아."

나는 얼굴이 붉게 달아올라 서둘러 손에 들고 있던 여행 책자에서 개선문의 영문 표기를 찾았다. 붉어진 얼굴로 다시 개선문으로 향하는 버스에 관해 묻고 있을 때쯤, 어딘가에서 혜성처럼 나타난 파리지앵 언니가 나를 부르더니 물었다.

"Can you speak english?"
"Just a little." (I'm find thank you and you?와 함께 양대 산맥을 이루는 주입식 교육의 폐해. 무조건 반사적인 대답)
"Can I help you?"

이미 아저씨께 물어 보아서 괜찮다고 하자, 외국인 남성과 많은 이야기를 나누다 보면 위험에 빠질 수 있으니 궁금한 게 있으면 자신에게 물어보라 했다. 내가 입으면 아빠 재킷이 되는 가죽 재킷과 내가 쓰면 잠자리가 되는 보잉 선글라스가 멋스럽게 잘 어울렸던 파리지앵 언니는 배우 한고은과 닮은 모습이었다. 혜성 언니(혜성처럼 나타나서)를 보며 '이 언니가 말로만 듣던 그 파리지앵이구나. 내가 정말 파리에 왔구나!' 새삼 실감했다. 언니의 도움으로 개선문으로 향하는 버스에 무사히 탈 수 있었고, 개선문으로 가는 버스 안에서 파리의 풍경이 아닌 아우라 넘치는 언니를 바라보며 부러움의 눈빛을 떨어뜨렸다. 그리고 우리는 '저 언니는 키가 커서 저렇게 예쁜 걸 거야.'라며 스스로를 위로하기 시작했다.

버스에서 내려 개선문을 보는 순간 '이게 다야?'라는 생각이 들었다. 개선문을 직접 본다면 나폴레옹의 용맹함이 온몸을 서늘하게 만들 것이라 생각했었는데, 그냥 영화나 책에서 보았던 개선문의 모습 그대로였다. '올라갈까 말까?'

개선문

 3초 정도 고민했지만 올라가지 않았다. 굳이 올라갈 필요는 없다고 가난한 배낭여행자에게 개선문의 입장료는 사치라 생각했다.
 하지만 이것은 대단한 실수였다. 그로부터 3년 후 개선문에 올라 바라보았던 파리의 전경은 정말이지 황홀할 만큼 아름다웠다. 개선문을 중심으로 방사형으로 뻗은 12개의 도로와 도로 사이로 수놓인 건물들이 이토록 아름다운 줄 알았다면 돈을 아끼지 않고 올라갔을 것이다.

> **Tip** 국제학생증을 소지하고 있는 예술 or 건축 전공 대학생은 무료입장 가능
> (단, 국제학생증에 Art or Arch가 적혀있어야 한다.) → 그 시절 Arch가 적힌 국제학생증을 가지고 있었으면서도 무료입장이 가능하다는 사실을 미처 알지 못해서 올라가지 않았다. 정보의 중요성을 절실히 깨달았다.

개선문에서 시작한 시내 투어는 마들렌까지 이어졌다. 개선문에서 샹젤리제 거리를 지나 콩코르드 광장까지 걸었고, 콩코르드 광장에서 오페라 가르니에를 지나 마들렌에 도착했다. 언제나 여행 첫날은 가장 많이 걷고 가장 많은 것을 보려고 노력하며, 여행 일정을 통틀어 가장 열정적이고 패기가 넘친다. 열정과 패기로 똘똘 뭉쳐있던 여행 첫날의 우리는 해 질녘의 파리는 몽마르트르에서 맞이하자며 계획에 없던 몽마르트르로 향했다.

산이 없는 파리의 유일한 언덕 몽마르트르. 몽마르트르 언덕에 있는 사크레쾨르 대성당은 에펠탑 다음으로 파리에서 가장 높은 장소이다. 그래서 몽마르트르 언덕에 오르면 파리 시내의 전경을 한눈에 볼 수 있다. 파리 여행 가이드 책을 보면 파리에서 가장 위험한 지역으로 몽마르트르를 꼽는다. 게다가 파리 여행을 다녀왔던 사람들 모두 몽마르트르에서 팔찌를 채워주는 흑인들을 조심하라며 입을 모은다.

여행을 떠나기 전 유럽여행을 다녀왔던 친구들에게 몽마르트르 언덕에서 팔찌를 채워주는 흑인들에 대한 무용담을 많이 들었다. 그때에는 억지로 팔에

오페라 가르니에에서 바라본 파리 전경

팔찌를 채워 주고 돈을 받는다는 이야기가 어찌나 거짓말 같던지, 내가 안 가봤다고 엄청 부풀려 이야기한다고 생각했었다. 하지만 몽마르트르에 가보니 모두 사실이었다. 어찌나 많은 사람들이 내 팔을 노리던지 그들에게 사기를 당하지 않기 위해 팔짱을 낀 채 올라가야 했다. 잔뜩 긴장한 채 오른 몽마르트르 언덕의 계단에 앉아 탁 트인 파리의 전경을 바라보며 감탄하는 순간, 거리의 악단이 벤 이 킹(Ben E. king)의 '스텐 바이 미(Stand by me)'를 부르기 시작했다. 곡이 후렴구에 도달할 때쯤 언덕에 앉아 음악을 듣던 모든 이들이 그의 노래를 따라 불렀다.

"Stand by me~ Stand by me~"

몽마르트르 계단에 앉아 탁 트인 파리 시내를 바라보던 그때 깔린 배경음악 'Stand by me'. 그리고 많은 시민들과 함께 부르는 후렴구 'Stand by me'. 콘서트장이 아닌 거리에서 누군가의 노래를 따라 불러본 적 없던 나에게는 이 모든 게 신기하고 신나고 가슴 뛰는 경험이었다.

'이럴 줄 알았으면 거리의 악단들 노래를 모두 따라 부를 수 있게 유명한 팝송 몇 개 정도는 외워올 걸'하고 후회했다. 유럽 거리 곳곳에서 거리의 악단들이 노래를 부르기 때문에 언제 어디에서 그들이 나지막이 깔아주는 여행지의 배경음악을 따라 부르게 될지 모를 일이다.

내가 만난 몽마르트르는 모두가 입을 모아 이야기하던 파리에서 가장 위험한 지역은 아니었다. 그저 음악이 춤을 추고 예술이 살아 숨 쉬는 음악과 미술의 도시였다. 하지만 흑인들이 정말 열심히 팔찌를 채워주는 것만은 사실이었다. 가장 재미있었던 이야기는 이탈리아 로마 숙소에서 만난, 파리에서 한인 민박을 운영하던 언니가 들려준 이야기였다.

몽마르트르에 방문한 한국사람 중 한 명이 그 팔찌가 몽마르트르로 올라가는 입장권인 줄 알고는 팔찌를 차고 돈을 내고 올라갔다고 한다. 그래서 그 다음 사람부터는 차례차례 줄을 서서 팔찌가 입장권인 양 팔찌를 차고 입장료를 내고 올라갔다고 한다. 사실인지는 모르겠으나 당당하게 팔찌를 채워주는 흑인들도 그것이 입장권인 양 줄을 서서 받아 가는 여행객들의 모습도 어찌나 귀엽던지 배꼽을 잡고 웃었다.

사크레쾨르 대성당

몽마르트르 언덕에서 바라본 파리 시내

Outro 모든 것이 새롭고 신기하며 아름다웠던 여행 첫날.
팔찌와 에펠탑 열쇠고리를 팔던 흑인들.
몽마르트르 언덕에서 노래를 부르던 거리의 악단과 그의 노래를 따라 부르던 파리 시민들.
시민들에게 시원한 맥주를 팔던 아랍인들.
그리고 그들 속에서 노래를 흥얼거리던 나까지.
결코, 잊을 수 없는 파리에서의 황홀한 첫날이었다.

✈ 별이 빛나는 밤 센 강 유람선에서 에펠탑을 바라보다

> **Intro** 내게 프랑스 파리를 꿈꾸게 했던 파리의 상징 에펠탑.
> 누구나 꿈꿔 보았을 사랑하는 사람과 센 강에서의 와인 한 잔.
> 비록 초등학교 동창과 함께였지만 일렁이는 센 강 위에서 바라본 프랑스 파리의 상징 에펠탑은 취할 만큼 아름다웠다.

높은 빌딩이 주를 이루는 서울의 도심과 달리, 파리에서는 5층 이상의 건물을 찾아보기 힘들 정도로 스카이라인이 낮다. 그래서 어느 곳을 가더라도 하늘을 찌를 듯 우뚝 솟아 있는 에펠탑을 볼 수 있다.

숙소에서 조금 저렴한 가격에 산 바토무슈 티켓을 가지고 유람선에 올랐다. 설레는 마음으로 오른 유람선은 지금 파리의 센 강에 있는 건지 서울의 한강에 있는 건지 구분이 안 될 만큼 한국인들의 집합소였다. 아무래도 바토무슈는 한국인들에게(만) 파리 여행의 필수 코스가 분명했다. 그렇지 않고서야 '파리에 있는 모든 한국인들이 바토무슈에 모인 건 아닌가?' 의심이 들 정도로 한국말만 들릴 리 없었다.

'여기는 센 강이 아니라 한강이다'라고 생각할 때쯤 유람선이 출발했고, 물살을 가르며 센 강 위를 거침없이 달리던 유람선은 프랑스의 상징인 에펠탑, 샤요 궁, 오르세 미술관, 루브르 박물관, 시청사, 노트르담 성당 등을 차례로 보여 주며 건축물에 관한 설명을 해 주었다. 다만, 한국어 설명은 가장 마지막이라서 관광지를 지나고 나서야 관광지에 관한 설명을 들을 수 있었다.

바토뮤슈 티켓은 한국에서 미리 구매해 가는 것이 좋다.
→ 한국에서는 현지 가격의 절반 정도에 구매할 수 있다. 이를 몰랐던 나는, 민박집 이모님께 제값보다 조금 싼 금액에 구매했다.

"프랑스 파리는 센 강의 물줄기를 따라 모든 문화 예술이 밀집되어 있어. 그래서 센 강을 걷다 보면 파리의 유명 건축물들을 다 만날 수가 있는데 그게 참 좋더라."

파리를 왜 좋아하는지 질문을 받을 때마다 항상 같은 대답을 했다. 우리나라에 한강이 있다면 프랑스에는 센 강이 있다. 삼국시대에 한강을 자치한 나라가 전성기를 맞이했을 만큼 한강이 중요한 요지였던 것처럼, 센 강을 중심으로 파리의 상징물들이 줄을 지어 서 있는 모습은 센 강이 오래 전부터 파리의 중요한 요지였음을 나타내는 것 같다. 화려하고 아름다운 문화유산들이 센 강을 중심으로 서 있는 모습은 참 매력적으로 다가왔고 그래서 파리가 좋았고 센 강이 좋았다.

유람선을 타고 센 강 변을 달리다 보면 파리에 온 것을 실감하게 하는 파리지앵들을 만날 수 있다. 센 강 변에서 데이트하는 연인들, 자유롭게 음악과 술을 즐기는 청년들. 센 강에 취한 그들을 바라보며 손을 한 번 흔들어 주었다.

바토뮤슈 루트
알렉상드르 3세교 - 그랑 팔레 - 프티 팔레 - 앵발리드 - 콩고르드 광장 - 튈르리 공원 - 오르세 미술관 - 루브르 박물관 - 예술의 다리 - 시테 섬 - 퐁네프 다리 - 라탱 구역 - 노트르담 성당 - 생루이 섬 - 아랍 지구 협회 - 마리교 - 샤틀레 광장 - 콩시에르 쥬리 - 사마리텐 백화점 - 알마교 - 예나 교 - 에펠탑 - 샤요 궁 - 비르 아켐 교 - 백조의 섬 - 라디오 프랑스 - 그르넬 다리 - 자유의 여신상

→ 바토뮤슈가 아니더라도 센 강의 유람선을 타면 파리의 유명한 관광지들을 모두 만날 수 있다.

센 강 위에서 아름다운 에펠탑을 보고 싶다면 오후 9시 유람선에 탑승하면 된다. 오후 9시에 출발한 유람선은 오르세 미술관, 루브르 박물관, 예술의 다리, 시테 섬, 퐁네프 다리 등 유명 관광지를 지난 후 에펠탑의 레이저 쇼가 시작할 때 쯤 에펠탑과 가까워진다. 일렁이는 센 강 위에서 바라본 에펠탑의 모습은 마치 고흐의 별이 빛나는 밤 같았다.

별이 빛나는 밤

> **Outro** 에펠탑을 가장 아름답게 바라볼 수 있다는 샤요 궁보다, 센 강 유람선에서 바라본 에펠탑이 나에겐 더욱 아름다웠다.
> 아름다운 파리에 취하고, 달콤한 와인에 취한 밤.
> '다음에 다시 온다면 꼭 사랑하는 이와 함께 센 강 위를 달리리라.' 다짐해 본다.

✈ 베르사유 궁전에 가다

> **Intro** 나에게 베르사유란 일본 애니메이션 영화 〈베르사유의 장미〉. 그 이상도 이하도 아니었다.
> 일본에서는 1972년부터 1974년까지 만화잡지에 연재 되었고 1979년 애니메이션으로 만들어져 큰 사랑을 받았으며, 한국에는 1980년 초에 들어왔다는 〈베르사유의 장미〉.
> 과연 1989년생인 내가 〈베르사유의 장미〉를 즐겨 보았을까? 전혀 아니다. 한 번도 본 적 없다. 하지만 〈베르사유〉하면 단 한 번도 본 적 없는 〈베르사유의 장미〉가 가장 먼저 떠올랐고 만화에서조차 본적 없는 나의 테리우스를 찾기 위해 베르사유 여행을 계획하였다.
> 꿈은 크게 가지라고 엄마가 말씀하셨으니까.

기차를 타고 20km를 달려 베르사유 궁전에 도착한 나는 베르사유 궁전이 풍기는 화려함에 입을 다물지 못했다. 화려한 바로크 양식의 결정판. 태양왕 루이 14세가 재무장관 푸케의 보르비 콩트 성을 보고 온 후 그 화려함에 자존심이 상하여 짓게 된 프랑스에서 가장 화려한 궁전. 소소한 장식 하나하나까지 금박 옷을 입은 베르사유 궁전을 보고 있자니, 루이 14세부터 루이 16세까지의 절대 왕권이 온 몸에 느껴지는 듯 짜릿했다.

파리 여행을 하면서 습관화된 것이 있다면 입장료를 내야 하는 곳에서는 일단 국제학생증부터 내미는 것이다. 베르사유 궁전에서도 어김없이 국제학생증부터 내밀었다.

"My major is arch."
"um.....free."
"WOW, Her major is art."
"free."

베르사유 궁전

나는 건축을, 친구는 예술을 전공하는 대학생이었기 때문에 국제학생증을 제시하여 입장료를 아낄 수 있었다.

베르사유 궁전에 갈 때에는 기차표를 구매해야 한다.
베르사유 궁전은 파리에서 20km 떨어져 있는 파리 근교에 있어 기차를 타고 간다. 간혹 지하철 교통권을 찍고 들어가서 기차를 타는 사람들이 있는데, 이와 같은 행동은 교통카드를 찍고 지하철 출구로 들어가서 기차를 타는 것과 다를 바 없는 행동이다. 일명 무임승차.

지하철 교통권을 찍고 기차에 올랐다가 무임승차 단속에 걸려 벌금을 내는 사람들도 많으니 기차표를 꼭 구매하자.

국제학생증을 소지하고 있는 예술 or 건축 전공 대학생은 무료입장 가능
(단, 국제학생증에 Art or Arch가 적혀있어야 한다.)
→ Art or Arch가 적힌 국제학생증을 가지고 있다면 무조건 내밀고 본다.

    입장하면 바로 보이는 베르사유 궁전은 나갈 때 보기로 하고, 가장 먼 곳에 위치한 그랑트리아농, 프티 트리아농, 왕비의 촌락이 밀집해 있는 왕비의 촌락으로 향했다. 왕비의 촌락으로 가는 방법은 두 다리와 버스, 그리고 전동차가 있는데 우리는 버스를 타기로 했다. 두 다리는 체력에 자신이 없고 전동차는 버스보다 더 비싼데다, 전동차를 운전하기 위해서는 운전면허증이 있어야 하는데 나만 운전면허증을 소지하고 있었다. 운전면허증을 취득한 이후로 운전 경험이 전혀 없는 나는, 나와 모두를 위해 전동차를 포기했다.

    버스를 기다리는데 이상하게 버스를 기다리는 줄보다 버스표를 사기 위해 기다리는 줄이 두 배는 더 길었다. 베르사유 궁전에 입장할 때만 해도 입장을 기다리는 줄이 입장권을 구매하는 줄보다 두 배는 더 길었던 것과 비교하면 정말 이상한 일이었다. 이유는 버스표를 끊을 때쯤 알게 되었다.

    매표소 아주머니께서 담배를 태우고 싶으면 담배를 태우고, 전화를 받고 싶으면 전화를 받고, 화장실에 다녀오고 싶으면 화장실에 다녀오면서 느긋하게 표를 끊어 주셨다. 덕분에 버스가 와도 버스에 사람을 다 채우지 못한 채 버스를 떠나보내야 했다. 한국에서 서비스직 아르바이트를 하고 있던 내게는 서비스직에서 이렇게 느리고도 불친절 할 수 있다는 사실이 아주 신선한 충격으로 다가왔다.

프티 트리아농 정원

　버스에서 내려 왕비의 촌락으로 가기 전, 루이 15세가 애첩 퐁파두르 부인을 위해 만들었다는 프티 트리아농에 먼저 들렸다. 루이 15세가 부인을 위해 열심히 지었지만 안타깝게도 퐁파두르 부인의 사후에 완공 되었다는 비운의 저택 프티 트리아농. 프티 트리아농 저택은 베르사유 궁전에 비해 아담하고 소박한 곳이었으나, 작고 아기자기한 공간이 주는 편안하고 소박한 아름다움을 지니고 있었다.
　프티 트리아농 저택에서 나와 왕비의 촌락으로 향하려는데 오렌지 주스를 파는 곳이 보였다. 무더운 여름 눈앞에서 쓱쓱 갈리는 오렌지와 컵 속으로 다이빙을 하듯 빨려 들어가는 얼음을 바라보고 있자니 줄을 서지 않을 수 없었다. 그렇게 구매한 100% 오렌지 주스와 함께 프랑스의 대표 빵집 폴(PAUL)에서 구매한 빵을 풀밭 위에 펼쳐 놓고는 점심 식사를 했다.

식사를 마치고 종이 지도를 보며 왕비의 촌락으로 걸어가는데 아무리 걸어도 왕비의 촌락이 보이지 않았다. 혹시 길을 잘못 들었나 의심하며 걷던 중 깨달았다. 우리가 걷고 있던 그 길 모두가 왕비의 촌락이었다. 왕비의 촌락은 루이 16세의 왕비 마리 앙투아네트가 당시 왕족이나 귀족들 사이에서 자신의 마을을 소유하던 유행에 발맞춰 만든 농촌 마을로 매우 넓은 촌락이었다. 인간이 만든 자연이지만 전혀 인위적이지 않은 것으로 보아, 왕비의 촌락을 꾸민 조경가들의 실력은 감탄할 만한 실력이었음이 분명했다.

풀밭 위의 점심 식사

왕비의 촌락에서 나와 대운하를 감상하는데 많은 이들이 보트를 타고 있었다. 보트를 타고 싶은 마음은 굴뚝같았지만 배낭여행객에게 계획에 없었던 11유로는 부담스러운 가격이라 망설여졌다. 다소 비싼 가격에 보트 탑승을 포기하려던 순간, 저 멀리에서 잘생긴 외국인 세 명이 배를 타러 가는 것이 아닌가.

"분아 빨리 뛰어! 합석하자고 해!"

이성을 잃은 나는 온 힘을 다해 달렸으나, 우리가 그들 곁에 도착하기 전 그들은 이미 표를 끊고 배에 탑승했다. 실망하기엔 이르다!

왕비의 촌락 정원

"아직 늦지 않았어."
"빨리 저어서 저 배 들이받아!"

재빨리 11유로를 지불하고는 배에 탑승하여 있는 힘껏 노를 저었지만 우리의 배는 꼼짝할 생각이 없어 보였다. 그렇게 11유로와 함께 훈남들은 저 멀리 떠나갔고, 우리는 5분 동안 제자리에 동동 떠 있었다. 생애 처음 노를 젓는 곳이 프랑스 베르사유가 될 줄은 몰랐다. 그리고 노 젓는 일이 이리도 힘들다는 사실을 프랑스 베르사유에서 배웠다. 비록 배를 반납할 때까지 훈남들과 부딪쳐보지 못하고 운하의 중간까지도 도달하지 못했으나, 잔잔한 대운하 위의 보트에 앉아 수면에 반사된 황금 빛 햇살과 더불어 화려한 베르사유 궁전을 정면으로 바라보고 있으니 만사가 평온해졌다. 황금 빛 노을은 화려한 베르사유 궁전을 더욱 화려하게 만들어 주었다.

대운하

대운하를 지나 마지막으로 계획해 두었던 베르사유 궁전으로 향했다. 베르사유 궁전의 실내는 바닥 타일, 천장의 못 하나하나까지 디자인된 것처럼 호화스럽게 반짝이고 있었다. 특히 베르사유 궁전에서 가장 유명하다는 거울의 방은 크리스털 샹들리에, 황금 촛대, 화병 등 최고급 장식품이 진열되어 있었고, 이들은 베르사유 궁전에 호화스러움을 한층 더했다.

화려함을 넘어 호화스러움이 느껴졌던 베르사유 궁전에서 나와 미리 계획해 두었던 에펠탑 열쇠고리를 샀다. 1유로면 5~8개를 살 수 있는 에펠탑 열쇠고리는 이미 유럽여행 최고의 기념품이었다. 숙소의 여행자들에게서 에펠탑 열쇠고리는 에펠탑 앞이나 몽마르트르 언덕보다 베르사유 궁전 앞이 가장 저렴해서 한두 개는 더 주는 것 같다는 정보를 얻었던 터라, 다른 곳에서는 에펠탑 열쇠고리를 사지 않았었다.

그리고 확실히 에펠탑 앞이나 몽마르트르 언덕보다 베르사유 궁전 앞의 흑인들이 열쇠고리를 더 많이 줬다. 그리고 몇 년 후 맥주 한 잔하던 도중 에펠탑 열쇠고리 이야기가 나오자 분이가 말했다.

"솔직히 나 그때 후회돼."
"뭐가? 더 못 깎은 거?"
"아니, 그거 한 개 파는데 얼마나 남는다고 그렇게 깎으려고 했을까?"

분이의 후회 섞인 이야기에 흑인들이 한숨을 쉴 때까지 흥정을 하며 나보다 한 개 더 받았다고 행복해하던 그녀의 모습이 필름처럼 지나갔다.

베르사유 궁전 실내

베르사유 궁전

파리의 교통권 나비고(Navigo)

나비고는 월요일부터 일요일까지 버스와 지하철 그리고 RER을 무제한으로 이용할 수 있는 교통권이다. 한국의 티머니와 비슷한 카드 개념이지만 다른 점이 있다면, 교통권 앞면에 증명사진을 붙여 사용자 본인을 증명해야 한다. 티머니처럼 요금을 충전하여 사용하는 개념이 아니라 지하철 정기권처럼 정해진 기간만큼 사용하는 개념이다.

나비고의 장점 : 구매한 기간 동안 버스와 지하철 그리고 RER을 무제한으로 탈 수 있다.

나비고의 단점 : 구매한 요일에 상관없이 무조건 월요일에 시작해서 일요일에 끝난다.

→ 나의 여행의 경우 월요일부터 일요일까지의 여행이었기 때문에 나비고를 요긴하게 사용하였다. 하지만 목요일부터 수요일까지의 여행자라면 일주일 권을 구매하더라도 목요일부터 일요일까지 밖에 사용하지 못한다는 아쉬움이 있다.

2012년에는 이용 구간(1-2존, 1-3존, 1-4존, 1-5존)에 따라 나비고 가격에 차이가 있었기 때문에, 대부분 1-2(일반적인 파리 지역)존짜리 나비고를 구매하여 여행했다. 그리고 1-4존에 위치한 베르사유에 갈 때에는 별도로 기차표를 구매해야 했다.

하지만 현재는 이용 구간이 통합되어 무임승차 없이 나비고 만으로도 베르사유에 다녀올 수 있으며, 오페라 역에서 샤르 드골 공항까지의 공항버스와 몽마르트르에서의 푸니쿨라까지 이용할 수 있으니, 무적 파워 교통권이라 할 수 있겠다.

1-5존 이외에 조금 더 저렴한 2-3존 3-4존 4-5존짜리 교통권이 있으나, 대부분의 관광지가 1-2존에 위치해 있기 때문에, 1-5존짜리 교통권을 사는 게 일반적이다.

✈ 피에르에르메의 마카롱과 포숑의 마들렌을 먹어본 적 있나요?

> **Intro** 프랑스 파리에 가면 꼭 먹어보고 싶은 것이 있었다. 그 유명한 에스카르고(달팽이 요리)도 아니고 푸아그라(거위 간 요리)도 아니었다. 내가 프랑스 파리에 가면 꼭 먹어보고 싶었던 음식은 샹젤리제 거리에 있는 피에르에르메의 마카롱과, 마들렌 광장에 있는 포숑의 마들렌이었다.
> 내게는 프랑스 인들이 세계에서 가장 아름다운 거리라고 자부하는 샹젤리제 거리를 걷는 기쁨 보다 달콤한 마카롱이 우선이었고, 파리의 수호 성녀 막달라 마리아를 기리는 마들렌 성당 보다는 촉촉한 마들렌이 우선이었다. 한국에서도 먹어본 적 없는 마카롱과 마들렌을 프랑스에서 꼭 먹어보고 싶었다.

영화 〈새 구두를 사야 해〉를 보면, 여주인공 〈나카야마 미호〉의 구두 굽이 빠지는 인연으로 여주인공이 남주인공 〈무카이 오사무〉에게 프랑스 파리에 관해 설명해 주는 장면이 나온다. 그때, 〈나카야마 미호〉가 〈무카이 오사무〉에게 "그곳이 루이뷔통 본점이에요."라며 소개해 주는 곳이 샹젤리제 거리에 있는 루이뷔통이다. 나는 프랑스에 가서도 몰랐다. 내가 중국인 아주머니 꼬임에 넘어가 지갑을 사려고 헤매던 곳이 루이뷔통 본점이었다는 사실을.

루이뷔통 본점

샹젤리제 거리

"거리를 걸으며 가벼운 맘으로 누군가를 만날 수 있는 이 거리~ 사랑스런 그대에게 말을 걸며 오늘만큼은 나와 함께 걷자고~ 오~ 샹젤리제~ 오~ 샹젤리제~"

고등학교 음악시간에 배웠던 〈오 샹젤리제〉를 부르며 피에르에르메를 찾아 샹젤리제 거리를 걷고 있는데, 루이뷔통 본점 앞에서 중국인 아주머니가 나를 불러 세웠다. 그녀의 요점은 루이뷔통 지갑을 많이 사 가고 싶은데 1인당 2개밖에 살 수 없으니 우리가 지갑 2개씩만 사다 주면 고맙겠다는 이야기였다. 그녀의 제안에 내가 언제 프랑스 루이뷔통에서 명품 지갑을 두 개나 사보는 호사를 누리겠냐며 이것 또한 경험이라는 생각에 그녀에게 물었다.

"그래서 얼마 줄 건데요?"
"10유로."
"No! 20유로!"

가격 협상을 할 때는 NO부터 시작해야 한다는 것을 배웠기 때문에 제안을 해 봤으나 그녀는 아주 단호한 목소리로 대답했고, 그 카리스마에 눌려 10유로로 최종 협상을 마치고 루이뷔통 본점으로 향했다. 아주머니로부터 교육받은 지갑을 찾기 위해 말도 잘 안 통하는 곳에서 고군분투했다. 다행히 한국인 점원을 만난 덕분에 겨우 지갑을 찾아서 계산하려는 순간 보안관이 우리를 막아섰다.

"너희들 아까 저 여자랑 이야기하는 거 봤어. 그러니 너희들에게는 지갑을 팔 수 없어."

우리는 쫓겨났고 결국 10유로와 함께 여행지에서의 귀중한 시간이 날아갔다. 괜한 시간 낭비하지 말라며 나를 말리다가, 나와 루이뷔통 아주머니와의 10유로 협상이 체결되자 자신도 사다 줄 테니 10유로를 달라던 분이는, 결과가 실패로 돌아가자 모든 원인과 결과를 내 탓으로 돌렸다.

"거봐, 내가 하지 말라고 했지?"

친구의 말을 안 들은 나는 돈과 시간을 잃고, 원망까지 들으며 피에르에르메로 향했다. 인기 있기로 소문난 로즈, 피스타치오, 초콜릿, 바닐라를 구매해서 반씩 나눠 먹었다. 한국에서도 한 번도 먹어본 적 없던 마카롱을 마카롱의 본고장 프랑스 파리에서 처음 먹게 된 것이다. 처음 먹어본 마카롱의 달콤하고 쫀득한 식감은 어린이 입맛인 내게 딱 맞았다. 특히 로즈와 피스타치오는 지금까지 먹어 본 적 없는 신기하고 색다른 맛이어서 새롭고 신기했다. 간에 기별도 안 가는 양이었지만 마카롱을 먹으며 샹젤리제 거리를 걸었던 순간은 파리에서 가장 달콤했던 순간이었다.

샹젤리제 거리가 끝날 때쯤 콩코르드 광장과 마주했다. 파리에서 가장 큰 광장이라는 콩코르드 광장의 분수에서는 보기만 해도 시원한 물줄기가 뿜어져 나오고 있었다. 콩코르드 광장의 분수는 영화 〈악마는 프라다를 입는다〉에서 〈앤 해서웨이〉가 인생을 새롭게 살기로 다짐하며 핸드폰을 던진 곳으로도 유명하다. 나는 차마 핸드폰을 던질 수 없어 소원을 빈 동전 한 닢을 던지고는 콩코르드 광장 앞에 있던 오벨리스크로 발길을 돌렸다.

피에르에르메의 마카롱

콩코르드 광장

    유럽을 여행하면 꼭 한번 보고 싶었던 것 중 하나가 오벨리스크였다. 꿈에 그리던 오벨리스크를 직접 만나보니 거대한 규모에 놀랐고 생각보다 정교하고 반듯한 모습에 한 번 더 놀랐다. 고대 이집트 왕조 시절 태양 신앙의 상징으로 큰 돌덩어리를 깎아 만든 오벨리스크. 그런 이집트의 오벨리스크를 프랑스와 이탈리아 그리고 몇몇 국가들이 그 시대의 강력한 무력으로 강탈해갔다. 물론 룩소르 오벨리스크는 이집트 왕이 선물로 줬다고 하지만 각 나라의 오벨리스크 대부분은 무력으로 강탈한 것들이다. 이 반듯한 오벨리스크가 3200년 전에 만들어졌다는 사실과, 작은 돌덩어리들을 잘라 붙인 것이 아니라 하나의 큰 돌덩어리를 깎아 만들었다는 사실에 경이로움을 감출 수 없었다.

경이로운 오벨리스크에 놀란 마음을 진정시키며 마들렌 성당으로 향했다. 마들렌 성당은 높이 30m의 기둥 52개가 일렬로 세워져 있는, 고대 그리스 로마의 신전을 본 뜬 네오 클래식 양식이다. 다섯 명이 손을 잡고 둘러도 다 두를 수 없을 만큼 두껍고 높은 기둥을 바라보고 있자니, 판타지 영화를 보는 기분이 들었다.

건축 용어로 'HUMAN SCALE', 즉 인간이 드나드는 인간 중심의 대한민국 종교 건축과는 달리, 신이 드나드는 신 중심의 'HUGE SCALE'의 유럽 종교 건축물은 듣던 대로 어마어마하게 크고 웅장했다. 자가 없을 때는 스스로가 자가 되어 그 옆에서 사진을 찍으라던 교수님의 말씀에 따라, 내가 자가 되어 사진을 찍은 후 마들렌으로 유명한 포숑으로 향했다.

설레는 마음으로 들어간 홍차 브랜드인 포숑 매장에는 예쁜 디저트들이 진열되어 있었다. 먹고 싶고 맛있어 보이는 디저트가 무척이나 많았지만 식탐에 비해 주머니가 가벼운 배낭여행자로서는 마들렌 두 개로 배를 채워야 했다. 이렇게 적게 먹었는데도 살이 빠지지 않았다는 사실은 과학적으로 정말 의문이 드는 일이다.

룩소르 오벨리스크

마들렌 성당

포숑

포숑의 마들렌

> **Outro** 주머니가 가벼운 배낭여행이었기 때문에 소량의 마카롱과 마들렌으로 점심을 대신했다. 여행 이후 한국에 와서 피에르에르메의 마카롱을 먹어 보았지만 파리에서 먹었던 맛과 느낌이 나지 않았다. 맛이 달랐다기보다 '어디에서 어떤 기분으로 먹느냐'가 맛을 좌우한 게 아닐까 싶다. 여행에서는 눈으로 본 것뿐만 아니라 입으로 먹었던 음식, 귀로 들었던 음악이 의미 있게 자리 잡는다.

✈ 파리의 3대 박물관

> **Intro** 파리에는 3대 박물관이 있다.
> 1848년 이전의 작품이 전시된 중세, 루브르 박물관
> 1848년~1914년의 작품이 전시된 근대, 오르세 미술관
> 1914년 이후의 작품이 전시된 현대, 퐁피두센터
> 예술의 도시 프랑스 파리를 여행한다면 프랑스의 중세, 근대, 현대 예술 작품이 전시되어 있는 루브르 박물관과 오르세 미술관 그리고 퐁피두센터에 가는 것이 예의라고 생각했다. 미술 작품에 관심은 없었지만 파리의 3대 박물관만큼은 꼭 가보고 싶었다. 이를테면 '살면서 한 번 쯤은 파리의 3대 박물관에 발 도장을 찍어봐야 하지 않겠어?'라는 허세 아닌 허세가 숨어있었던 것 같다.

중세 루브르 박물관

건축학 전공의 나는 프랑스 건축물에 관한 설명을 해주고, 미술 전공의 분이는 박물관과 미술관의 미술 작품에 관한 설명을 해 주기로 약속했었다. 그러나 막상 여행을 가보니 나의 건축 지식은 생각보다 매우 얕팍했다. 분명 수업시간에 그리스, 로마, 르네상스, 바로크, 로코코 등의 각 시대별 특징에 관해 배웠지만 내용은 사라지고 열심히 외웠던 기억만 남아 있었다.

친구를 보면 그를 알 수 있다고, 막상 박물관에 가보니 미술 작품만은 자신에게 맡기라며 자신만만하던 분이도 썩 박학다식한 것 같지 않았다. 책에 적힌 설명들을 어찌나 열심히 읽어주던지 아나운서인 줄 알았다. 이럴 바에는 내가 책을 읽는 편이 나을 뻔했다. 분이가 미술 작품에 관해 설명해 준다며 책에 적힌 설명을 그대로 읽어줄 때, 나는 미리 조사해서 노트에 적어 놓았던 건축물에 관한 설명을 그대로 읽어 주었다.

"루브르 박물관은 세계 3대 박물관이자 파리 최고의 박물관이야. 원래는 바이킹의 침입으로부터 파리를 방어하기 위해 세운 요새였는데 16세기 중반 왕궁으로 사용되면서 지속해서 확장되고 개조되었어. 그러다 루이 15세가 베르사유로 궁전을 옮기면서 주인 없는 궁전으로 방치되다가, 나폴레옹 1세에 의해 미술관으로서의 기초를 다지게 된 거야. 이후 1989년에 건축가 I.M. 페이가 설계한 유리 피라미드가 박물관 앞에 건설되면서 지금의 루브르 모습으로 탈바꿈하게 된 거지."

I.M. 페이가 설계한 루브르 박물관 앞의 유리 피라미드는 이제 루브르 박물관의 상징이 될 만큼 유명한 장소이며, 루브르 박물관의 야경을 찍을 때는 어김없이 등장하는 장소이다.

루브르 박물관 매표소 앞에서 '혹시나'하는 마음에 국제학생증 내밀었으나, 아쉽게도 루브르 박물관에서는 국제학생증을 받아주지 않았다. 루브르 박물관을 제대로 관람하기 위해서는 30유로가 훌쩍 넘는 가이드 투어도 있고, 박물관에서 오디오를 대여해서 듣는 오디오 가이드도 있다. 하지만 우리는 인터넷에서 미리 다운로드해 간 무료 MP3 파일을 들으며 박물관을 관람했다. 대부분의 박물관이나 미술관에서는 사진 촬영이 금지되어 있지만 루브르 박물관에서는 사진 촬영이 가능했고, 카메라 이외에도 스케치북이나 노트위에 작품을 그려 담는 사람들도 눈에 띄었다.

여행 책에서 추천해주는 '루브르 박물관에서 꼭 봐야 할 작품'들을 보기 위해 찾아 나설 필요는 없다. 걷다가 사람이 많아서 보면 〈밀로의 비너스〉이고, 사람들이 더 많아서 보면 〈모나리자〉이다. 모나리자 앞에는 수십 수백 명의 사람이 까치발을 들고 서 있는데, 모나리자는 그들의 모습이 민망할 정도로 매우 작다. 만약 예술을 전공하는 학생이거나 미술 작품에 관심이 많은 사람이라면 하루 만에 다 둘러보기에 시간이 부족하겠지만 나는 아주 충분했다.

중세 루브르 박물관 내부

오디오 가이드를 대여할 필요는 없다.
→ 인터넷에서 MP3 파일을 다운로드 하자.

밀로의 비너스

레오나르도 다빈치의 모나리자

 루브르 박물관에서 꼭 봐야 한다는 미술 작품

미켈란젤로의 <죽어가는 노예>

니케의 <승리의 여신 조각상>

밀로의 <비너스 조각상>

다비드의 <나폴레옹 대관식>

퐁텐느블로의 <가브리엘 데스트레와 빌라르 공작부인>

레오나르도 다빈치의 <모나리자>

요하네스 페르메이르의 <레이스 뜨는 여자>

장 오귀스트 도미니크 앵그르의 <그랑드 오달리스크>

장 오귀스트 도미니크 앵그르의 <발팽송의 목욕하는 여인>

오르세 미술관에서도 나의 아는 척은 멈추지 않았다.

"오르세 미술관은 파리 만국 박람회를 기념하기 위해 건축가 빅토르 라루가 설계한 철도역이야. 원래는 오를레앙 철도의 종착역이었는데, 철도의 전동화에 따라 플랫폼이 비좁아지게 되면서 영업을 중단하게 되었어. 이후 호텔이나 극장으로 사용되다가 1986년에 미술관으로 변신하게 되었지. 리모델링을 하면서 건축 구조는 그대로 유지하고 천장에 돔을 설치했다는 게 정말 대단하지 않니?"

실제로 오르세 미술관의 외관은 센 강과 무척이나 잘 어울렸고 참으로 근사했다.

여행을 계획할 때에는 오르세 미술관도 가고 루브르 박물관도 가고 오랑쥬리 미술관도 가고 베르사유 궁전도 갈 계획이었기 때문에 뮤지엄 패스를 구매할 예정이었다. 그러다 유럽여행의 베이직이라 불리는 유랑(유럽 여행 카페)에서 예술 전공이나 건축 전공은 무료입장이 많으니 국제학생증을 꼭 만들어 가라는 글을 보게 되었고, 덕분에 미리 만들어둔 국제학생증으로 베르사유 궁전과 오르세 미술관을 무료로 입장할 수 있었다.

오르세 미술관에 가서도 일단 학생증을 내밀었는데, 비록 루브르 박물관에서는 무료입장에 실패했지만 오르세 미술관에서는 성공했다.

국제학생증을 소지하고 있는 예술 or 건축 전공 대학생은 무료입장 가능
(단, 국제학생증에 Art or Arch가 적혀있어야 한다.)
→ Art or Arch가 적힌 국제학생증을 가지고 있다면 무조건 내밀고 본다.

오르세 미술관에 입장하자마자 보이는 아치형 천장 그리고 천장에 아름답게 수놓인 꽃무늬 조각을 바라보니 행복함이 밀려왔다.

"리모델링을 하면서 건축 구조는 그대로 유지하고 천장에 돔을 설치했다는 게 정말 대단하지 않니?"

유리 돔을 통해 스며든 태양 빛이 예술 작품들을 은은하고 근사하게 비추고 있었다. 미술 작품의 사진은 찍으면 안 된다고 하여 눈으로만 감상하며 한 층 한 층 올라갔다. 그리고 도착한 5층 야외 테라스 전망대에서 바라본 파리의 모습은 더욱 근사했다. 야외 테라스 전망대의 대형 시계를 통해 보았던 센 강과 루브르 박물관의 모습은 마치 한 폭의 미술 작품 같았다.

근대 오르세 미술관

오르세 미술관에서 가장 감동한 작품이 무엇이냐고 물어본다면 단연 '남성 누드화'였다. 근육과 힘줄이 금방이라도 튀어나올 것만 같이 생생해서 한참이나 바라보았다. 이 작품만큼은 꼭 사진으로 남겨두고 싶어서 사진을 찍으려 했으나 관리자분의 제지에 의해 사진을 남기지 못했다. 절대 누드화라서 좋았던 것은 아니다. 그저 그의 근육과 힘줄에 마음을 빼앗겼을 뿐. 루브르 박물관에서는 넓은 면적과 많은 작품에 감탄했다면, 오르세 미술관에서는 아기자기한 인테리어와 탄력 있는 남성 누드화에 감탄했다.

오르세 미술관 내부

한참 작품을 감상하다 점심을 먹고 다시 입장하자며 박물관에서 나와 따사로운 햇살을 맞으며 걸었다. 무료입장으로 입장료도 아꼈으니 그만큼 맛있는 음식을 먹자며 식당을 찾아 나섰다.

"나는 스테이크 별로고, 파스타가 좋아."
"맛의 도시 파리에 왔으면 스테이크는 먹어야지 무슨 소리를 하는 거야."

나는 스테이크보다 파스타가 더 먹고 싶었지만 분이의 잔소리에 미간에 힘을 주며 스테이크를 시켰다. 스테이크를 안 먹을 것처럼 말했던 나는 주문했던 스테이크를 다 해치우고는 감자튀김만 남겼다. 남은 감자튀김이 아깝기도 했고 우리나라만 남긴 음식을 버리고 가지, 외국은 다 싸간다는 이야기를 얼핏 들었던 것 같아서 남은 감자튀김의 포장을 요청했다. 그러자 주인은 어이없다는 표정으로 나를 바라보았고, 그의 눈빛을 읽는 순간 외국도 남은 감자튀김을 싸가는 문화 따위는 없다는 사실을 재빠르게 깨달았다. 하지만 때는 이미 늦었다. 부끄러움을 무릅쓰고 포장한 감자튀김을 들고, 다시 오르세 미술관으로 향했다.

"음식물은 반입 금지니, 버리든가 먹고 오세요."

미술관에 입장하려고 하는데 보안관이 나를 저지했다. 창피함을 무릅쓰고 챙겨온 감자튀김이었는데 버릴 수밖에 없었다. 이럴 줄 알았으면 챙겨오지 말걸 후회했고, 나올 때 "아리가또 고자이마스"라고 하거나 "쎄쎄"라고 말할걸 그랬다며 후회했다.

점심식사

중세에 루브르 박물관, 근대에 오르세 미술관이 있다면 현대에는 퐁피두센터가 있다. 이 센터의 창설에 힘을 실어준 대통령 조르주 퐁피두의 이름을 붙여 1977년에 개관한 퐁피두센터는 현대 건축의 대가 리차드 로저와 랜조 피아노가 설계하였다.

건물 내에 있어야 할 계단, 엘리베이터, 에스컬레이터, 전기 배선, 상하수도 등을 건물 밖에 배치함으로서 건축물을 독특하고 재미있게 디자인하였으며, 구조물들에 칠해진 각양각색의 색으로 그 기능을 구분해 놓았다. 노란색은 전선, 녹색은 수도관, 파란색은 환기구, 빨간색을 엘리베이터.

배관이 바로 보이는 천장은 요즘 우리나라의 레스토랑이나 카페에서도 많이 볼 수 있는 인테리어로, 공간의 높이를 높이고 싶을 때 파이프나 환기구를 감싸던 천장을 뜯어내어 층 높이를 1m 정도 높인 후, 이로 인해 노출되는 배관 파이프나 환기구 등을 디자인적으로 활용한 방법이다. 지금 봐도 촌스럽지 않은 아이디어가 1977년에 고안된 발상이라니 발상의 전환이 정말 대단하게 느껴졌다.

퐁피두센터를 구경하다가 화장실이 너무 급해서 화장실로 달려갔으나 사람들이 너무 많았다. 이러다 사고 치겠구나 싶어 죄송한 마음을 무릅쓰고 장애인 화장실에 들어갔다 나왔고, 이후 마음 편하게 퐁피두센터의 내부를 구경하며 돌아다니다가 핸드폰의 부재를 깨달았다.

'아뿔싸!'

현대 퐁피두센터

퐁피두센터 내부

두근대는 심장을 부여잡고는 내가 돌아다녔던 길을 되짚어 걸었다. 그러다 발길이 멈춰 선 곳이 화장실이었고 화장실에 들어가 보니 나의 핸드폰은 제자리에 고이 모셔져 있었다. 화장실을 사용한 사람들이 정말 착해서 안 가져갔거나, 나처럼 양심 없이 장애인 화장실에 들어가는 사람들이 없었거나 둘 중 하나겠지만 정말 감사했다. 만약 핸드폰을 잃어버렸다면 앞으로 남은 20일간의 여행을 핸드폰 없이 생활해야 했다.

'세상은 역시 따뜻하고 아름답구나.'

퐁피두 센터에서 눈을 돌리면 퐁피두 센터와 생 메리 성당 사이의 스트라빈스키 광장과 만나게 된다. 광장 분수에서는 니키 드 생 팔르와 장 틸겔리가 만든 특이한 모양의 분수들이 물을 뿜고 있으며, 기괴하고 우스꽝스러운 조각품들이 분수 위에 전시되어 있어 남녀노소 좋아할만한 요소들이 가득 차 있다.

퐁피두센터 앞은 자유로운 예술의 지역이라는 사실을 익히 들어왔기에 기대가 컸다. 파리는 아무데서나 노점을 할 수 없지만, 퐁피두센터만큼은 예외라는 이야기에 퐁피두센터 앞에서 한국 복주머니를 팔겠다며 복주머니를 10개나 사 갔었다. 하지만 정작 퐁피두센터에 갈 때는 복주머니를 숙소에 놓고 갔고, 이후 그 복주머니들이 어찌나 짐스러운지 숙소 주인 분들과 여행에서 만난 친구들에게 하나씩 나누어 주었다.

스트라빈스키 광장

Outro 오르세 미술관에서 나를 가장 두근거리게 한 것은 남성 누드화가 아닌 르누아르의 한마디였다.

삶은 끊임없는 파티요.
by. 르누아르

지금의 나는 끊임없는 파티를 진심으로 즐기고 있는가?

✈ 노트르담 성당 첨탑에 올라

> **Intro** 유럽여행을 함께했던 분이를 처음 만난 곳은 성당이었다. 18년 전 10살이었던 나는 첫영성체를 받으라는 부모님의 등쌀에 떠밀려 매일매일 성당으로 향했고, 기도문을 외워야 집에 갈 수 있다는 말에 다소 부족한 머리로 주기도문이며 사도신경을 열심히 외웠다. 그리고 그때, 내 옆에서 딱히 똘똘해 보이지 않는 얼굴로 주기도문이며 사도신경을 외우고 있던 아이가 나의 유럽여행 파트너 분이다.
>
> 대학생이 되기 전까지 나에게 있어 성당은 세상에서 가장 재미있는 놀이터였다. 성당에서 나는 연극배우가 되기도 했고 개그우먼이 되기도 했으며 가수가 되기도 했다. 여름이면 언니, 오빠, 친구들과 함께 신앙 학교라는 명목 아래 여행을 떠났다. 그리고 그 순간들이 내 학창 시절에서 가장 행복했던 순간들이며 가장 소중한 추억들이고, 그 모든 순간을 함께 한 친구가 나의 유럽 여행 파트너 분이다. 그 시절 성당은 내 삶에서 가장 큰 존재이자 가장 소중한 장소였기 때문에 그런 의미에서 파리 노트르담 대성당은 꼭 한번 가보고 싶은 장소였다.

어디에서 바라본 파리 전경이 가장 아름다웠는지 물어본다면, 나는 "노트르담 성당 첨탑"이라고 대답할 것이다. 유럽여행에서 만난 성당 중 세 손가락 안에 들 만큼 아름다운 성당이었고, 고딕 건축의 걸작이라는 말이 조금도 어색하지 않는 건축물이었다. 건축물에 관한 아는 척은 노트르담 성당 앞에서도 이어졌다.

"노트르담은 성모 마리아를 뜻하는 말이며, 노트르담 대성당은 성모마리아 대성당이라는 뜻이야. 1163년 건설을 시작한 이래 많은 건축가의 손을 거쳐 변화하며 건설되었고, 170년이 지난 1330년에 완공된 고딕 건축의 걸작이지.

고딕건축의 특징은 주님에게로 더 가까이 가겠다는 뜻으로, 하늘 높이 솟아오른 탑과 장미창, 조적식 구조, 리브 볼트 같은 요소들이 있어. 그리고 1455년에 잔 다르크의 명예 회복 재판이 거행되어 잔 다르크가 마녀에서 성녀로 다시 태어난 곳이기도 해."

노트르담 성당에 들어갔을 때는 미사가 한창 진행 중이었다. 불과 몇 년 전만 해도 세상에서 성당을 가장 좋아했기 때문에 내가 언제 파리 노트르담 성당에서 미사를 드리겠냐며 의자에 앉았다. 그러나 불어로 부르는 성가를 따라 부르지 못하고 교리도 알아듣지 못해서 바로 포기하고 말았다.

미사는 포기했지만 노르트담 성당 곳곳을 돌아보는 일은 포기하지 않았다. 노트르담 대성당의 스테인드글라스를 바라보며 그 크기와 화려함에 놀랄 수밖에 없었다. 노트르담 대성당의 스테인드글라스는 13세기에 만들어진 지름 13.1m 크기로 유럽에서 가장 큰 장미창이다. 창에는 성모마리아와 12사도들을 비롯한 성자들이 그리스도를 둘러싸고 있으며, 장미창 아래에는 프랑스 제1의 성녀인 잔 다르크의 조각상과 제2의 성녀인 소화 테레사 성녀의 조각상이 있다. 엄청난 크기의 스테인드글라스와 고딕 건축의 걸작인 내부의 모습을 실컷 구경한 후 전망대에 오르기 위해 밖으로 나왔다.

노트르담 성당에는 높이 69m에 이르는 두 개의 탑이 있고, 첨탑의 387개의 계단을 오르면 전망대에 도착한다. 전망대 입구는 성당 정면을 바라보았을 때 왼편에 있으며, 노트르담 성당의 모습은 측면에서 바라볼 때 감동이 더한다. 요괴들이 잔뜩 힘을 주고 서 있는 모습은 무척이나 강렬하고 인상적이다. 첨탑으로 향하는 길은 멀고도 험했다. 두 시간 이상의 기다림 후에야 첨탑에 오를 수 있었는데, 1300년대에 지어진 건물이기 때문에 계단 폭이 무척이나 좁았다. 50계단쯤 오르자 우리의 입에서는 불평불만이 쏟아져 나왔다.

"왜 이렇게 계단이 많아! 언제 도착하는 거야."

100계단쯤부터는 말수가 서서히 줄더니 나중에는 정적만이 우리 곁을 맴돌았다. 우리의 뒤를 따르던 외국인 관광객 커플도 시끌시끌 어찌나 애정 표현을 하며 오르던지 밉상이었는데 결국 조용해졌다. 387계단은 전 세계인의 입을 꽁꽁 묶어버리는 힘이 있는 그런 곳이었다. 2시간 이상의 기다림과 침묵의 387계단은 내게 시련을 주었지만, 고생 뒤에 바라본 프랑스 파리의 전경은 센 강과 어우러져 무척 아름다웠다. 파리 전경을 보고 싶다면 꼭 노트르담 성당 첨탑에 올라야 한다.

노트르담 성당

노트르담 성당 실내

노트르담 성당 계단

노트르담 성당에서 바라본 센 강

　노트르담 성당 앞에 있는 원점 포인트를 뽀앙제로라고 하는데, 파리와 다른 도시 간의 거리를 측정할 때 기준점이 되는 곳이다. 이 지점을 밟으면 파리로 다시 돌아온다는 속설이 있어, 전경을 보고 내려와 뽀앙제로(point zero)를 찾으러 돌아다녔으나 내 눈엔 보이지 않았다. 나는 굳이 외국인에게 다가가 물었다.

　"엑스큐제무아. 웨얼 이즈 뽀앙제로?"
　"?"

불어 발음이 이상한가 싶어 다시 물어보았다.

　"웨얼 이즈 뽀앙 쥐로?"
　"????"

프랑스인이 아니라 영어권 사람인가 싶어, 다시 물어보았다.

"웨얼 이즈 포인트 쥐로?"
"????"

나의 질문을 들은 그녀는 계속 고개를 저었다. 영어를 못하는 남미 사람인가 싶어 포기하고 발길을 돌리는데 분이가 나를 툭 치며 말했다.

"너 못 봤지? 저 여자, 네가 물어볼 때 가방 움켜쥐더라."

세상에나, 나를 소매치기로 본 것이다. 그때 깨달았다. 소매치기가 난무하고 눈 뜨고도 코 베어 가는 파리임에도 불구하고, 소매치기가 내 물건만은 훔쳐 가지 않았던 이유. 그것은 바로 동종 업계 종사자에 대한 예의였다. 상처 입은 가슴을 안고 터덜터덜 걸어가는데 그렇게 찾아 헤매던 뽀앙제로가 노트르담 성당 바로 앞에 있었다. 다시 파리에 돌아올 수 있기를 기원하며 뽀앙제로를 살포시 밟아주고는 마레 지구로 향했다.

뽀앙제로

우리가 마레지구로 향한 이유는 매트리스를 빌리기 위해서였다. 6박 7일간의 파리 여행 중 이틀 밤은 파리에서 유학 중이던 은엽이네서 신세를 지기로 했는데, 은엽이네 집에는 침대가 하나뿐이어서 파리에서 9년째 유학 생활을 하고 있던 동열 오빠에게 매트리스를 빌리기 위해 마레 지구로 향한 것이다. 마레 지구의 어느 식당 앞에서 만난 동열 오빠는 마치 정재형(싱어송라이터)과 비슷한 느낌의 한국인 파리지앵이었다.

첫 만남이 어색했던지 오빠가 맥주 한 잔을 권했고, 마레 지구의 멕시코 맥주 가게에서 시원하게 맥주 한 잔을 마시곤 오빠네 집으로 향했다. 집에 도착하자 오빠는 와인을 또 권했는데, 오빠가 통역 아르바이트를 하러 다녀온 보르도 지방에서 선물 받은 것으로 마트에서 파는 3~7유로짜리와는 차원이 다른 맛이었다. 그 엄청난 맛에 홀려 와인의 정체를 물어보니 두 병 모두 보르도 지방에서 만들어졌으며, 시중에서 판매하는 와인이 아니라 와인 농장 사람들이 자신들이 먹기 위해 만든 코냑을 섞은 와인과, 테킬라를 섞은 와인이라고 했다. 그 비싸고 좋은 와인을 우리에게 선물한 한국인 파리지앵의 마음을 저버릴 수 없어 맛 좋은 와인을 숨 쉴 틈도 없이 목구멍으로 흘려보냈다. 와인을 좋아하는 사람이라면 와인 농장 주인들이 자신들이 즐기기 위해 만든 와인을 꼭 한 번 먹어보길 추천한다.

Outro 6박 7일간의 프랑스 파리 여행 중 6박 모두 술을 마셨다. 술은 신이 내린 선물 같은 존재이지만 절제하는 미덕 정도는 갖춰야 하지만, 신이 내린 선물을 받을 줄만 알지 절제하는 미덕 따위는 모르는 게 가장 큰 문제다. 미덕 따위는 모르지만 신이 내린 선물 덕분에 두 배로 행복했고 두 배로 황홀했던 6박 7일이었다.
여행 기간에 마셨던 와인 중 최고였던 코냑 와인.
여행 기간에 보았던 파리 전경 중 가장 아름다웠던 노트르담 성당 첨탑에서 바라본 파리.
프랑스에 다시 가게 된다면 보르도 지방에 들러 코냑 와인을 다시 마셔 보리라.

✈ 실수도 여행에서는 추억이다

> **Intro** 여행을 떠나기 전 유럽여행 경험자들로부터 많은 충고를 들었다.
> "유럽에는 집시들이 많으니까 소매치기 조심해."
> "이탈리아에 있는 집시들이 스페인으로 내려갔다고 하니까, 스페인에서는 더욱 더 조심해. 절대 아무나 따라가지 말고."
> "프랑스 몽마르트르 언덕에 가면 손목에 팔찌 채워주는 사람들이 있는데, 그거 파는 거니까 공짜인줄 착각하고 넙죽 받지 마."
> "배낭은 뒤로 메면 안 돼. 다 훔쳐 간다."
> "복대 차고 가서 복대에 돈 넣고 다녀."
> 여행 한 번 가는데 어찌나 조심할 것이 많고 챙겨야 할 것이 많은지. 귀찮기도 하고 걱정이 되기도 했다. 하지만 여행을 통해 깨달았다. 유럽여행에서 가장 무서운 것은 집시가 아닌 나 자신이었다.

프랑스 파리에서 스페인 바르셀로나로 가는 비행기 표를 확인하는 순간 어이가 없어 웃고 말았다. 비행기 표를 예약했던 분이가 나의 영문 이름을 멋대로 틀리게 적은 것이다.

"야! 물어보고 예약했어야지! 멍청하긴!"

다행히 철자 하나 틀린 거라 항공사에서 무료로 바꿔주었지만, 어찌나 한심하고 어이가 없던지 웃음밖에 나오지 않았다.

뜨거운 태양, 역사의 도시 로마를 뒤로한 채 피렌체행 기차표를 확인하는 순간 나의 손은 떨려왔고 눈을 의심했다. 8월 12일 피렌체행 기차표를 예약한 줄 알았는데 7월 12일 기차표를 예약한 게 아닌가. 멍청한 나를 탓해야지 누굴 탓하겠는가. 눈물을 머금고 8월 12일 피렌체행 기차표를 다시 예약하며 로마에 38유로를 기부했다.

아름다운 두오모 덕분에 무척이나 행복해하던 분이는, 피렌체에서 밀라노로 가는 기차표를 확인하는 순간 좌절했다. 8월 14일 오후 기차표를 예약한다는 것이 8월 15일 오후로 예약한 게 아닌가. 이미 8월 15일 오전시간으로 〈밀라노 산타 마리아 델레 그라치에 성당〉에 있는 〈최후의 만찬〉을 예약해 놓은 상태였기에 우리는 두 가지 갈림길에 서고야 말았다. 기차표를 날리고 8월 14일 기차표를 다시 예약할 것인가, 아니면 〈최후의 만찬〉 표를 날리고 8월 15일 기차를 탈 것인가. 우리의 선택은 8월 15일 기차를 타고 〈최후의 만찬〉 표를 날리는 것이었다. 최후의 만찬을 포기한 분이는 눈물을 머금고 밀라노에 24유로를 기부했다.

스페인 바르셀로나 에스파냐 광장

이탈리아 로마 천사의 성

이탈리아 피렌체 두오모 성당

이탈리아 밀라노 두오모 성당

24유로를 기부하고 탄 기차였다. 그런데 누군가 우리 자리에 앉아 있는 게 아닌가. 이상하다 싶어서 승무원을 부르자, 승무원은 오히려 우리의 예약 번호가 존재하지 않으니 1인당 벌금 50유로를 내라고 했다. 그럴 리가 없으니 다시 한 번 확인해봐 달라는 애원도 소용없었다. 여권을 가져간 그들은 1인당 257유로가 적힌 벌금 딱지를 가지고 왔다.

"여기서 50유로를 낼지, 아니면 공항에서 257유로를 낼지 결정해."

황당한 제안에 말도 안 된다며 항의를 했지만 말이 통하지 않았다.

"그렇다면 너희의 서명 없이 제출할 테니, 공항에서 257유로를 내."

냉정하게 돌아서던 그들을 부여잡고 일단 벌금을 낼 테니 어떻게 하면 돌려받을 수 있는지 물었다.

"우리의 이름과 번호를 알려 줄 테니 밀라노에 도착하여 컴플레인을 걸어."

이렇게 분이는 눈물을 삼키며 밀라노행 기차에 100유로를 기부했다. 여행이 끝나고 한국에 돌아와서 컴플레인을 걸었지만 100유로는 돌려받지 못했다.

잦은 실수에 심장이 쪼그라들었지만 우리는 기죽지 않았다. 지금까지의 모든 실수는 잊고 새롭게 시작하자는 마음으로 체코 프라하 행 비행기 표를 확인하는 순간 또다시 나의 눈을 의심했다. 분이가 파리에서 바르셀로나로 가는 비행기 표에 나의 이름을 잘못 기재한 것을 그렇게 놀려줬는데, 이번에는 내가 분이의 이름을 잘못 기재한 것이다. 심지어 분이보다 더 한심하게 틀렸다. 이름은 한정분인데, 성을 정 그리고 이름을 분으로 예약한 것이다. 항공사 위즈에어에 전화를 했다.

"내가 친구의 이름을 잘못 썼어. 바꿔줘."

"응. 바꿔줄게. 60유로 내."

"엉? 6유로?"

"아니 60유로."

"공짜로 바꿔줘... 부탁이야. 응?"

"상사한테 물어볼게. (한참 후) 안 된대. 인터넷으로 하면 40유로니까 인터넷으로 바꿔."

알파벳 하나였다면 무료였을 텐데, 성을 빼먹고 예약한 나는 이탈리아 베네치아에서 체코 프라하로 향하는 비행기에 40유로를 기부했다.

이탈리아 베네치아 부라노 섬

우울한 마음으로 40유로의 벌금을 내고 베네치아에서 프라하로 가는 비행기를 타기 위해 공항으로 향했다.

"인터넷 체크인을 했구나, 항공권을 줘."
"응. 체크인은 어제 했고, 프린트가 없어서 핸드폰에 PDF 파일을 받아왔어. 여기."
"이거 말고 프린트를 줘."
"요즘은 스마트 시대야. PDF 파일을 받아왔어. 이것 봐."
"안 돼. 내가 새로운 표를 다시 줄 테니까 벌금 30유로 내."

결국 체코 행 비행기에 벌금 30유로를 추가로 내고, 비행기 표보다 벌금이 더 비싼 비행기를 타고 체코로 떠났다.

체코 프라하 성 비투스 대성당

우여곡절 끝에 도착한 체코 프라하였다. 버스표를 살 수 있는 10유로 정도만 꼬룬으로 환전한 우리는 버스표를 사기 위해 버스 정류장으로 향했다. 그런데 버스표를 판매하는 기계가 동전만 받는 게 아닌가. 지폐를 동전으로 바꾸려면 환전했던 곳보다 멀리까지 걸어가야 했고 만사가 귀찮았다. 그때 이탈리아에서 만났던 남학생이 체코에서는 무임승차를 해도 걸리지 않아서 자기는 한 번도 표를 사 본 적이 없다고 했던 이야기가 떠올라, 우리는 서로 힐끗 한 번 바라보곤 회심의 미소를 지으며 무임승차를 결심했다.

버스 도착시각까지는 5분이 남았는데 도착한 버스. 의심이 들었지만 일단 버스를 향해 냅다 달려 분이는 재빠르게 탑승에 성공했으나 나는 못 탔다. 돈은 있지만 숙소를 모르는 분이는 홀로 목적지 없는 버스 여행을 떠났고, 숙소는 알지만 돈이 없는 나는 빈털터리로 홀로 버스정류장에 남겨졌다.

어찌해야 할지 몰라서 일단 14년 우정의 텔레파시부터 보내봤다. '네가 올래, 내가 갈까?' 그러나 분이는 답이 없었고, 고민 끝에 내가 가야겠다는 결론을 내렸다. 분명 그 버스는 제시간에 맞춰 온 버스가 아니고 사람을 태우려 하지 않았으니 종점 행 버스일 거라는 생각에, 제시간에 맞춰 온 버스는 보내고 종점 행 버스(버스 시간이 아닌데 온 버스)에 탑승했다.

돈도 버스표도 없는 상태라 가슴을 졸이며 버스를 탔는데 한 정거장 뒤 버스 기사가 내게 다가왔다. 걸렸구나 싶어서 두근거리는 심장을 부여잡고 쳐다보니 종점이니 내리라 떠났고, 내려서 분이를 찾아보았으나 보이지 않았다. 일단 지하철역으로 가서 와이파이를 연결해 연락을 해보려고 다음 버스를 탔다. 그런데 이번엔 진짜 걸렸다.

"버스표를 보여주세요."
"없어요...."
"따라 내리세요."

대학시절 담당 교수님을 닮은 할아버지께서 친절하게 벌금을 요구하셨다.

"벌금은 800꼬른입니다."
"전 꼬른이 없어요."
"800꼬른이 없으면 35유로를 내세요."
"유로도 없어요. 친구가 나의 돈을 다 가지고 있어서 저는 정말 돈이 없어요. 여기 100꼬른이 다예요."

나는 정말 돈이 없었다. 이탈리아에서 벌금으로 유로를 다 소진하고 체코로 온 데다, 관리 소홀로 자꾸만 잃어버리는 탓에 공용 돈은 분이가 관리하게 되면서 나는 빈털터리였다. 수중에는 아까 소량 환전한 100 꼬른짜리 지폐가 전부였다.

"안 돼요, 빨리 내세요."
"그럼 친구한테 연락하게 전화 좀 빌려주세요. 친구가 탄 버스가 내가 타기 전에 그냥 가 버렸어요."

어찌할 줄 모르는 내 모습에 하하하 너털웃음을 지으시더니, 전 재산 100꼬른과 버스표 하나를 바꿔주고는 유유히 사라지셨다. 놀란 가슴을 부여잡고 다음 버스를 타고 가까운 지하철역에 내리자 분이가 벤치에 앉아 있었다.

"왜 이렇게 늦게 와!? 벌써 버스가 3대나 지나갔잖아."
"처음 버스는 일부러 보냈고, 두 번째는 무임승차했다가 걸려서 내리고, 세 번째 꺼 타고 온 거야."
"뭐야 무임승차 안 걸린다며. 난 또 네가 숙소 가서 라면 끓여 먹고 있는 줄 알았잖아."
"몰라, 걸리더라. 안 걸린다고 했던 그놈 잡히기만 해 봐!"

도덕과 법을 무시하는 무임승차는 절대 하면 안 된다는 교훈을 프라하에서 배웠다.

실수는 교통수단에서만 있었던 것은 아니었다. 이탈리아 로마 숙소는 분이가 하루 덜 예약하고, 이탈리아 피렌체 숙소는 내가 하루 더 예약했다. 그나마 하루 덜 예약한 것은 빈자리가 있는 호스텔을 찾아 하루 더 예약하면 됐지만, 하루 더 예약했던 이탈리아 베네치아에서는 70유로(2인)를 더 내야 했다.

"저희는 2박 3일 예약 했는데요."

너무나 단호한 말투에 당황한 숙소 주인아저씨는 예약 글을 보여 주셨고, 우리는 바로 꼬리를 내렸다.

"죄송합니다...."
"지금은 성수기라 3박 4일 숙박비를 다 내셔야 해요. 어쩔 수 없어요."

처음에는 단호한 말투로 말씀하시던 주인아저씨도 또 실수했다는 자책감에 손발을 떨고 있는 우리가 안쓰러우셨는지 하루 숙박비는 더 받지 않겠다며 숙소 아래의 커피숍으로 우리를 이끄셨다.

"나는 세상에서 여기 커피가 가장 맛있었더라고요. 이거 먹고 속상한 건 다 잊어요."

에스프레소 한 잔을 사주셨는데, 아직도 그때 마셨던 설탕 가득 탄 에스프레소 한 잔이 잊혀지지 않는다. 태어나서 처음 마셔본 에스프레소였는데 세상에서 가장 맛있는 커피였고 정말 큰 위로가 되었던 말씀이었다.

물론 체코 숙소 예약도 실수 없이 그냥 넘어갈 리 없었다. 무임승차 사건 이후 너덜너덜해진 마음으로 체크인을 하는데 숙소 오빠가 물었다.

"2박 3일 예약하셨죠?"
"아닌데, 3박 4일 했는데...."

분명 3박 4일을 예약했다고 생각했지만 더 이상 나를 믿을 수 없어, 끝을 흐리며 예약 글을 확인 해 보니 너무나 똑 부러지게 2박 3일이라고 적어 놓았다. 짐 옮기기도 힘들고 숙소 찾기도 귀찮아서 하루 더 묵으면 안 되는지 물으니 이미 예약이 꽉 찼단다.

"우리는 문제가 없던 적이 없네요!"
"지금을 즐겨요. 나중에는 지금의 사건 사고들이 다 추억이 될 거에요."

"이런 추억은 이제 그만 생겼으면 좋겠어요."
"맞아요. 처음에는 다 추억이 되겠구나 싶었는데, 이건 해도 해도 너무 많아요."
"지금이 행복한 거예요. 이것도 다 추억이 된다는 생각으로 지금을 최대한 즐겨요. 걱정하며 보내기엔 여행 온 시간이 너무 아깝잖아요. 나중에는 이런 여행 못 해요."

괜히 잘못도 없는 숙소 오빠에게 넋두리를 늘어놓자 진심어린 조언을 해 주었다. 갖은 예약 실수 외에도 온갖 실수가 난무했고, 모든 실수를 읊다 보면 하루가 모자랄 만큼 모자란 아이 둘의 여행이었다. 핸드폰과 지갑을 잃어버린 일, 하나밖에 없는 수건과 머리핀을 프랑스 친구 집에 놓고 스페인으로 떠난 일 등등 정신없어도 이렇게 정신없을 수가 없었다.

그 악명 높기로 유명한 유럽 집시조차 나를 건드리지 않았지만, 100% 나의 실수로 인하여 나는 유로 기부 천사가 되었다. 실수할 당시에는 정신이 없고 손이 떨렸지만 지나고 보니 돈 주고도 살 수 없는 추억으로 남았다.

> **Intro** 여행 가서 실수하면 그게 다 추억이다.
>
> 유럽에서 비행기 표, 기차표, 숙소 예약 실수는 기본이고 무임승차까지 적발되어 벌금으로 증발시킨 유로만 해도 200유로가 넘었지만, 지금은 아무나 (조금만 똑똑해도) 경험하기 힘든 재산이 되었다.
>
> **여행 가서 많이 걷고 힘들고 배고픈 것도 다 추억이다.**
>
> 하루를 여행하고도 한 달은 여행한 몰골로 모르는 사람 따라가서 차 끊기고, 모르는 사람 차에 타고, 모르는 사람 집에서 잠을 자던 배고프고 가난했던 여행 경험은 (조금만 신중하고 조금이라도 세상 무서운 것을 안다면) 경험해보기 어려운 겁 없고 의심 없던 시절이어서 가능했던 재산이 되었다.
>
> 여행에서의 실수는 내 삶의 재산이 되고 술자리의 안주가 된다.
> 괜찮아, 배낭여행이잖아.

02

• 다시 찾은 프랑스 파리

✈ Prologue

'만약 당신에게 파리에 머물 수 있는 행운이 충분히 있다면, 그렇다면 파리는 이동하는 축제처럼 당신의 남은 일생 동안 당신이 어디를 가든 당신과 함께 머물 것이다.'

―1950년 헤밍웨이

2012년 8월 파리여행 이후 꼭 다시 한 번 가겠노라며 항상 꿈꾸었던 파리행 비행기 표를 예약해 놓고는 회사와 아빠한테 어떻게 허락을 받을지 고민했다. 이제 직장인이라 회사의 허락까지 받아야 했다.

"요즘 일이 너무 힘들어."

파리 여행은 어떻게 허락을 받을까 고민하다가 먼저 밑밥을 깔아 두었고, 며칠 뒤 휴식이 필요한 것 같아서 여행 좀 다녀오겠다고 말씀드리려 했는데 진짜 일이 힘들어졌다. '이것이 3년 차에 찾아온다는 그 슬럼프인가?'

"요즘 너무 힘들어. 하루에 10번씩은 혼나는 것 같아. 그래서 처음으로 화장실 가서 울었잖아."
"그러면서 성장하는 거야. 네가 하루에 10번 혼났다면, 혼난 것에 짜증 낼 것이 아니라 네게는 문제가 없는지 생각해 볼 필요가 있어. 그리고 그 문제를 파악하고 노력해봐. 지금 네가 그 일을 그만두고 다른 곳에 가면 잘할 것 같지? 아니야. 사회는 똑같아.
그리고 아빠가 보기에 너는 다른 사람들보다 현장을 이해하는 속도가 느려. 느리면 더 열심히 노력해야 하는데 그렇지 않잖아. 항상 선배들한테 물어보고 메모하면서 더 노력해봐."

아빠는 주옥같은 조언을 남기셨다. 실패다. 꾸물거리다가 여행이 2주 앞으로 다가왔고, 더는 미룰 수 없다는 생각에 점심시간에 전화를 드렸다.

"추석에 회사 언니랑 여행 다녀오면 안 돼? 언니가 서른 되는 기념으로 여행을 다녀오겠다고 남편한테 허락을 받았대. 나도 다녀오면 안 돼?"
"어디 갈 건데?"
"프랑스 파리."
"너무하는 거 아니니?"
"다녀와서 더 잘할게. 응?"
"알았다."

심장이 쿵쾅쿵쾅 뛰었는데 아주 순조롭게 허락을 받아서 놀랐다. 거짓말은 단 하나였다. 내년이면 서른을 맞는 회사 언니가 남편의 허락을 받고 추석 연휴에 여행을 떠나는 것은 사실이었다. 일본으로. 혼자 유럽 여행을 간다고 하면 절대 보내줄 리 없다는 것을 알고 있었기에 회사 언니를 팔았다.

2012년 파리 여행 이후 언젠가는 다시 한 번 파리에 가겠노라며 다짐했고, 동네방네 소문을 내고 다닌 지 3년 만인 2015년 9월 초가을 파리 행 비행기에 다시 올랐다. 그렇게 다시 찾은 샤를 드골 공항은 2012년과 마찬가지로 어둑어둑 캄캄한 밤이었다. 다시 한 번 크게 숨을 들이켜자 뿌듯함과 함께 행복이 샘솟았다.

대학 시절에 오랜 벗 분이와 함께했던 파리를 다시 한 번 여행하길 항상 꿈꿨었다. 그렇게 3년이 지났고 3년 차 직장인이 되어 홀로 파리를 다시 찾았다. 꿈에 그리던 두 번째의 파리 여행은 처음처럼 매순간 새롭고 설렜다.

두 번째 파리 여행에서 꼭 해보고 싶은 것

1. 신 개선문을 뛰어올라 구 개선문에 오르기.
2. 퐁피두 센터 앞 광장에서 음악을 들으며 바게트 먹기.
   (전시회 하나 정도는 봐도 좋겠다.)
3. 몽마르트르 언덕에 올라 빅맥 먹기.
   (바로 내려오지 말고 골목을 거닐며 예술가들의 삶을 느끼자)
4. 샤요 궁에서 에펠탑과 함께 인생 샷.
5. 센 강 유람선 타고 야경 한 번 더.
6. 미술사 공부를 하고 박물관이나 미술관도 다시 한 번 가볼까?
   (시간이 부족하면 패스)
7. 쥬뗌므 벽에서 <사랑해>를 찍기.
8. 셰익스피어 앤 컴퍼니에 가기.
9. 에펠탑 앞 잔디에 누워 와인과 음악.
10. 거리의 악단들이 부르는 노래를 함께 흥얼거리며 즐긴 후 감상비 지불하기.

✈ 아날로그 여행의 시작

Intro 여행 첫날 아주 큰 문화적 충격을 받았다. 첫 유럽여행이었던 2012년 7월에는 대부분 종이지도를 보며 길을 찾아다녔다. 직장인들은 로밍을 했을 수도 있었겠지만, 대부분은 인터넷을 이용하고 싶으면 스타벅스나 애플스토어에 가서 와이파이를 사용하고 길을 찾기 위해서는 지도를 펼쳐서 도로명 주소로 길을 찾아다녔다.
그러나 다시 찾은 2015년의 파리에서는 모든 이들이 유심칩을 사거나 로밍을 신청하여 구글 맵을 사용해 길을 찾아다녔다. 지도를 들고 다니며 길을 찾는 아날로그 여행자는 나뿐이었다.

여행 첫날 저녁식사 후 하루 만에 친해진 숙소 룸메이트들과 함께 에펠탑 야경을 보러 나섰다. 조금 늦게 나오다 보니 급한 마음에 지하철을 반대방향으로 타서 허둥대던 모습이 어찌나 재미있던지 핸드폰으로 기념사진을 찍었는데, 이 사진이 유럽여행에서의 마지막 셀카가 될 줄은 상상도 못했다.

지하철 C선 샹 드 막스 투어 에펠(Champ de Mars Tour Eiffe)역에서 내려 에펠탑까지 걸어가는 길은 설렘의 연속이었다. 화려하게 반짝이는 아름다운 에펠탑을 보고 심장이 쿵쾅거리고 눈을 뗄 수 없었다. '어서 사진을 찍어야지!' 하며 핸드폰을 찾기 위해 주머니에 손을 넣었다. '어라? 핸드폰이 없네?'

믿을 수 없었다. 아까 지하철에서 핸드폰을 소매치기를 당한 것이다. 핸드폰을 잃어버렸다는 사실을 알게 된 순간부터 아름다운 에펠탑이 아름답게 느껴지지 않고 오만가지 걱정들이 내 앞을 스쳐 지나갔다.

1. 부모님께 뭐라고 하지? 회사 언니랑 함께 온 줄 알 텐데, 앞으로 언니한테 연락한다고 언니 연락처를 달라고 하면 어떡하지? 거짓말한 것 걸리면 앞으로 혼자 여행 안 보내 줄 텐데.
2. 아직 약정 기간이 1년이나 남았는데 어떡하지? 약정을 갚고 또 다른 핸드폰을 사려면 얼마나 더 열심히 일해야 하는 걸까?
3. 매일 사진을 보내주기로 한 친구들한테는 사진을 어떻게 보내주지?
4. 프랑스 스트라스부르, 벨기에 브뤼셀, 네덜란드 암스테르담 숙소는 예약도 안 하고 왔는데 어떡하지? 남은 숙소 예약과 미리 찾아 두었던 정보들은 어떻게 하지?
5. 회사에서 급한 연락이 왔는데 내가 연락을 못 받아서 더 큰 문제로 이어지면 어떡하지?

'분명 꿈일 거야. 꿈이 아니라면 내가 착각하고 있는 걸 거야. 분명 핸드폰은 가방에 있을 거야.'

하지만 가방에 핸드폰은 없었다. 숙소로 돌아와 침대에 누웠지만 오만가지 걱정에 잠이 오지 않아 숙소에 하나 있는 노트북을 켜고는 오래전에 비활성화로 닫아 두었던 SNS를 활성화 하여 일기를 썼다.

> "나는 지금 파리. 여행 1일 차에 톤 털림. 내가 웃는 게 웃는 게 아니야. 지금 시각 새벽 3시 31분. 걱정할까 봐 숙소에 있는 달팽이 속도의 컴퓨터를 켜고 페이스북을 열었어. 내가 사고를 안치니 주머니를 털리네. 내일은 일단 시계나 좀 사야겠어.
> P.S. 이 와중에 사진까지 골랐어. 이것도 괜찮네. 사진 못 보내 주니까 매일 이렇게 하나씩 올릴게. 아무튼 내일 놀려면 어서 자야지. 안녕."

담담하게 적어 내려갔지만 당시에는 정말 충격과 멘붕 그 자체였다. 파리 이외의 여행지는 숙소도 예약하지 않았고 여행지에 관한 정보조차 없는 상황이라 앞으로의 일정이 막막했다. 그래도 여행 첫 날이어서 다행이다. 마지막 날이었으면 여행 내내 찍었던 사진이 아까웠을 거라며 스스로를 위로했다.

파리에서 구매한 45유로짜리 시계

다음날 가장 먼저 한 일은 시계를 사는 일이었다. 그 와중에도 파리에서 산 기념으로 시곗줄에 파리 국기가 새겨진 45유로짜리로 장만했다. (이 시계는 그로부터 6개월 후 일본여행에서 잃어버리게 된다.) 리얼 아날로그 여행이 시작되었다.

시계로 시간을 확인하고 길은 지도를 봐가며 알람 대신 정신력으로 일어나 새벽 기차를 타고, 연락처와 정보는 노트에 적어 여행하는 100% 아날로그 여행. 상상만으로도 불편한 아날로그 여행이었지만 핸드폰이 없다는 사실은 또 다른 재미를 가져다주었다.

핸드폰의 부재는 일기장을 한 권의 여행기로 만들어주었다. 자투리 시간마다 노트에 일기를 쓰고 여행지에 대한 정보는 카메라로 사진을 찍어 저장하거나 노트에 기록했다. 인터넷이 되는 곳에서는 남아있는 여행지의 숙소와 교통수단을 예약하고 숙소로 찾아가는 방법은 카메라로 지도를 찍어 저장한 후, 노트에 주소와 찾아가는 방법 및 지도를 그려가며 매우 힘들게 찾아갔다. 분명 불편했지만 꽤 낭만적이었던 여행 덕분에 노트에는 일기와 여행 정보, 만난 사람들의 연락처와 지도가 그려지면서 한 권의 책이 만들어졌다.

핸드폰의 부재는 온갖 희귀한 사진들로 카메라 메모리를 가득 채워준다. DSLR 카메라로는 셀카를 찍을 수 없기에 지나가는 외국인들에게 사진을 부탁했고 그들의 대단한 예술 감각 덕분에 예상치 못한 사진들이 카메라에 가득 찼다.

"제가 저 앞에 서 있을 테니까 이렇게 찍어 주세요."
"OK!"

구도를 잡아 카메라를 건네면 그들은 언제나 자신감 넘치게 대답한다.

이렇게 찍어주세요

이게 아니잖아요

"great?"

바닥을 반 이상 찍고 건물은 싹둑 잘라버리고는 자신만만한 표정으로 묻는다.

"good...."

'분명 내가 이 건물 다 보이게 찍어 달라고 했잖아요.'라는 말은 속으로 삼킨 후 카메라를 받아 든다. 나는 알고 있었다. 다시 찍어 봤자 바닥이 반이거나 하늘이 반이거나 내 모습으로 가득 차겠지. 사진 대부분이 그랬다. 아름다운 풍경과 함께 나를 담고 싶어서 부탁한 사진인데 아름다운 풍경은 모두 빼고 나만 담겼다. 강에서 찍은 사진은 이곳이 동네 뚝방인지 프랑스 스트라스부르인지 알 수 없었고, 밤에 찍은 사진은 이 사람이 난지 저 사람이 난지 모를 정도로 형체를 알아볼 수 없었다. 물론 날이 갈수록 못생겨지는 나의 외모를 흔들림으로 가려 주신 센스에 한편으로는 감사한 마음도 있었다.

핸드폰의 부재는 정신력의 한계를 깨닫게 해 준다. 핸드폰이 없으니 알람을 맞출 수가 없어서 새벽 기차를 타는 날에는 잠을 자는 건지 밤을 새우는 건지 모를 만큼 피곤한 밤을 보내야 했다. 새벽 3시부터 1시간 간격으로 정신력으로 잠에서 깨어 DSLR의 불빛으로 파리에서 구매한 손목시계를 비춰 시간을 확인하고 다시 자기를 반복해야 했다.

Outro 처음 핸드폰을 도난당했을 때에는 "나는 타인의 물건을 훔친 적이 없는데 왜 나의 물건을 훔쳐 간 거야!"라며 분노했었다. 그러나 시간이 지나자 분노는 동정으로 바뀌었다.

'그래도 나는 불법적이지 않은 방법으로 일해서 돈을 벌 직장이 있고 내가 번 돈으로 이렇게 여행을 왔는데, 내 핸드폰을 훔쳐 간 그 도둑은 돈을 벌 방법이 이것밖에 없었나 보구나. 어쩌면 평생 불법으로 돈을 벌며 살아가야 할 수도 있겠구나. 다른 나라와 타국의 문화를 경험할 기회 따위는 없이 그저 하루하루를 버티며 평생을 살아가게 될 수도 있겠구나.'

이렇게라도 생각해야 내 마음이 편했던 걸까? 아니면 핸드폰을 도난당한 멍청함을 합리화시키고 싶었던 걸까? 갑자기 해탈의 경지에 이른 성인군자가 되었다. 합리화였든 동정이었든 간에 마음이 평화로워지며 여행을 다닐 수 있는 환경에서 살고 있음에 감사하게 되었다. 물론 불편하고 불안하고 두려웠지만 덕분에 지금까지 경험하지 못했던 낭만적이고 판타스틱하며 스릴 넘치는 여행을 했다. 친구들은 내게 "고생했겠다."라고 했지만 내게는 시간과 돈 모두 아깝지 않은 그런 여행이었다.

✈ 몽마르트르 언덕에서 빅맥 먹기

Intro 몽마르트르는 나를 파리로 다시 이끈 장소 중 하나이다.

유럽 여행의 첫 나라 〈프랑스〉
프랑스에서의 첫 도시 〈파리〉
파리 여행의 첫날 〈몽마르트르〉

그래서 내게 〈프랑스-파리-몽마르트르〉는 평생 잊을 수 없는 장소였.
파리에서 가장 높은 언덕인 몽마르트르 언덕에 올라 파리 전경을 바라보며 거리의 악단이 연주하는 곡을 듣고 있으면 '아 이런 게 여행이지. 여기가 파리지!' 하고 깨닫는다.

이 감정을 또 한 번 느끼고 싶었고, 햄버거를 먹는 여유와 몽마르트르 지역의 골목골목을 거닐며 19세기 말 이곳에서 생활한 예술가들의 숨결을 느껴보고 싶었다.

1. 맥도널드에서 빅맥을 사서
2. 사랑의 벽으로 가서 사진을 찍고
3. 피카소가 〈아비뇽의 처녀들〉을 그린 장소인 세탁선을 지나
4. 테르트르 광장을 지나
5. 파리에서 가장 높은 몽마르트르 언덕에 있는 사크레쾨르 대성당을 지나
6. 몽마르트르 언덕에서 빅맥을 먹고
7. 성 베드로 성당과 몽마르트르 박물관을 지나
8. 19세기 말~20세기 초 가난한 예술가들이 드나들던 주점이라는 오 라팽 아질을 지나
9. 샌드 니 성인이 참수당한 수잔 뷔송 공원과 반 고흐 집을 지나
10. 17세기에는 30대 이상이었으나 현재에는 2대 밖에 남아있지 않은 갈레트 풍차와 라데 풍차를 지나
11. 영화 〈아멜리에〉의 촬영 장소였던 레 뒤 물랭 카페에서 커피 한 잔 마시고
12. '붉은 풍차'라는 이름의 유명한 물랭루즈로 마무리하자.

    핸드폰을 도난당하기 전인 여행 첫날의 오전이었지만, 로밍도 신청하지 않았고 유심칩도 없었기 때문에 인터넷으로 길을 찾지 못하고 종이 지도로 길을 찾아 여행을 했다. 종이 지도에는 큰 도로의 도로명은 적혀 있었으나, 작은 골목길의 도로명은 제대로 표현되어 있지 않아서 종이 지도로 길을 찾아 여행하기란 쉬운 일이 아니었다.

    2012년의 여행처럼 2015년의 여행 첫날도 몽마르트르 언덕에서 시작하고 싶었다. 몽마르트르 언덕에 올라 파리 시내의 선성을 마리보았던 2012년의 여름은 시간이 지나도 잊혀지지 않고 몽마르트르 언덕에서 들었던 '스텐 바이 미(Stand by me)'를 생각하면 여전히 심장이 두근거린다. 몽마르트르 언덕에 다

시 오르기 위해서라도 프랑스 파리에 꼭 다시 한 번 가야만 했다. 그리고 이번에는 기필코 시야가 뻥 뚫린 몽마르트르 언덕 잔디밭에 앉아 거리의 악단이 나지막이 깔아주는 음악을 들으며 빅맥을 먹고 싶었다. 그러기 위해서는 일단 빅맥부터 사야했다.

빅맥을 사기 위해 몽마르트르 언덕에서 가장 가까운 맥도널드가 있는 Barbes-Rochechouart역에서 내려 힘들게 맥도널드에 도착했다.

"오전 9시부터 11시까지는 맥모닝만 판매해요."

예상치 못한 변수였지만 '빅맥이면 어떻고 맥모닝이면 어떤가! 몽마르트르 언덕 잔디밭에 앉아 햄버거를 먹는다는 것에 의의가 있지' 나를 위로하고는 맥모닝과 따뜻한 커피 한 잔을 들고 사랑의 벽으로 향했다.

Barbes-Rochechouart역 맥도널드에서 몽마르트르의 사랑의 벽으로 향하는 길을 멀고도 험했다. 지도 한장 달랑 들고 골목을 누비다가 길을 잃어 친절해 보이는 나이가 지긋한 아저씨께 길을 여쭈었다. 그러자 방향만 알려주려고 했던 그는 갑자기 무슨 열정이 샘솟았는지 사랑의 벽까지 안내해주었다.

300개의 다른 언어로 '사랑해'라는 말이 적힌 사랑의 벽

피카소가 아비뇽의 처녀들을 그린 세탁선

　'사랑'이라는 단어는 세상에서 가장 예쁜 단어이며 '사랑해'라는 말은 언제 들어도 설레는 말이다. 300개의 다른 언어와 사투리로 적은 1000번의 〈사랑해〉라는 말이 벽을 가득 채운 낭만적인 사랑의 벽은 연인들의 파리여행 필수 코스가 아닌가 싶다.

　사랑의 벽에 한국어로 적혀 있다는 〈사랑해〉 〈나는 당신을 사랑합니다〉 〈나 너 사랑해〉라는 문장을 다 찾고는 괜스레 뿌듯해 하고 있을 때 쯤 사랑의 벽까지 데려다 주신 아저씨께서는 저기 서보라며 사진을 찍어 주시고는, 다음 목적지를 묻는 질문에 세탁선에 갈 거라는 나를 세탁선으로 이끄셨다.

　아저씨는 종이 지도로 길을 찾는 척했지만 내가 다 봤다. 종이 지도를 보는 척하면서 아저씨 핸드폰의 구글맵으로 길을 찾는 모습을. 엄마가 모르는 사람 막 따라가면 안 된다고 했는데 어느덧 나도 모르게 아저씨의 구글맵에 의존하고 있었다.

아저씨와 이런저런 대화를 나누다 보니 금방 세탁선에 도착했고, 그가 손으로 가리킨 세탁선에는 파리의 골목길을 걷다 보면 100번은 만날 법한 모습의 가게 하나가 덩그러니 서 있었다. 피카소가 〈아비뇽의 처녀들〉이라는 작품을 그린 세탁선에 가면 대단한 영감이 떠오를 줄 알았는데, 영감은커녕 아저씨께서 손으로 가리키지 않았더라면 모르고 지나칠 법한 장소였다.

'영감은 개뿔. 역시 난 피카소가 아니었어.'

막스 자코브가 예전에 센 강변에 빨래를 하기 위해 떠다니던 배 모양과 집이 닮았다고 해서 별명 지은 '세탁선'은 생각보다 너무나 평범한 모습이어서 잔뜩 실망한 내게 아저씨께서는 또 저기 서보라며 사진을 찍어주셨다. 나 홀로 여행에서는 사진 남기기가 쉽지 않은데 아저씨 덕분에 많은 사진을 남길 수 있었다. 사진을 찍어주신 후에 아저씨는 또 다음 목적지를 물으시며 앞장서셨다.

이쯤 되면 '아저씨께서 왜 내게 친절한 것일까?' 의심할 법도 했지만, 내 여행에는 언제나 과분한 친절과 과분한 도움이 함께했고 그의 친절 또한 고마운 친절 중 하나였다. 그리고 내가 받은 이 친절은 다음에 한국에서 만나는 다른 여행자에게 베풀어야겠다 생각하며 그를 따라나섰다.

언덕의 꼭대기를 뜻하는 테르트르 광장

"여행 온 거야?"
"예. 2012년에도 한 번 왔었는데, 파리가 너무 좋아서 다시 온 거예요."
"파리 좋지. 그래도 파리는 위험한 곳이니 조심해서 여행해야 해. 소매치기도 많으니까 물건 조심하고."

'언덕의 꼭대기'라는 뜻의 테르트르 광장을 함께 걸으며 한국에서 일한 적이 있다던 그에게서 충고와 함께 파리에 대한 그의 사랑을 듣다보니 그가 내게 왜 친절했는지 알 것 같았다. 파리를 무척이나 사랑하는 그는 소매치기로 인해 파리에 대한 나쁜 인상을 주고 싶지 않았던 것이다.

테르트르 광장을 지나 꿈에 그리던 몽마르트르 언덕에 도착했다. 파리에서 가장 높은 언덕인 몽마르트르 언덕 정상에 우뚝 서 있는 사크레쾨르 대성당은 여전히 위엄 있는 모습이었다.

몽마르트르 언덕 잔디밭에 앉아 파리 시내의 전경을 바라보며 오는 내내 짐스러웠던 맥모닝을 꺼내어 한 입 베어 물었다. 그러자 식을 대로 식어버려 맛없어진 맥모닝은 입 안에서 겉돌았다. 아무래도 너무 많이 돌아온 탓이었다.

맥모닝을 다 먹어갈 쯤, 아저씨가 또 다시 물었다.

"이제 어디 갈 거니? 나는 샹젤리제 거리로 갈 건데 너도 샹젤리제 거리로 갈래?"
"아니요, 저는 몽마르트르를 조금 더 구경하려고요!"
"그래. 그럼 즐거운 여행이 되길 바란다."

참 고마웠던 보디가드 아저씨와 마지막 인사를 나눈 후에도 꽤 오랫동안 잔디밭에 앉아 음악을 들었다. 언제 다시 오게 될지 모른다는 생각에 발이 떨어지지 않았다.

몽마르트르 언덕 잔디밭에 앉아 짐스러웠던 맥모닝을 먹으며 바라본 파리 시내

    몽마르트르 언덕에서 내려와 사크레쾨르 성당의 명성에 가려 대부분의 관광객들이 놓치고 지나가는 성 베드로 성당으로 발길을 옮겼다. 성 베드로 성당은 1133년 루이 6세에 의해 수녀원이 건립되면서 몽마르트르에 사는 주민들을 위해 지어진 성당으로, 1870년에 지어진 사크레쾨르 성당보다 700년이나 앞서 지어진 성당이다.

    사크레쾨르 성당에 비해 화려하거나 웅장하지는 않았지만 오랜 세월 몽마르트르와 함께한 성당이기에 아늑하고 소박함이 느껴졌다. 오랜 역사의 성 베드로 성당에서 나와 성당 옆의 미술관에 입장했다. 미술관에 입장하자 미소가 아름다운 여사님께서 '아니 이게 어쩐일이에요' 하는 놀라고 반가운 표정으로 나를 맞아 주셨다.

    미술 작품에는 별 감흥이 없었으나, 젊은이 없는 조용한 시골 마을에 귀농한 젊은이를 본 것처럼 반갑게 맞아주시는 여사님의 미소를 보니 기분이 절로 좋아졌다. 그녀의 미소는 타인의 감정까지도 행복하게 만들어 주는 행복한 미소였다.

"I'm from South Korea."
"????@$^#ㅆ#%??? sa??? sa-cre-coeut?"
"...메르시(merci)!"

성 베드로 성당

그 미소를 보자 괜히 내가 한국 사람이라는 것을 알려드리고 싶어서 말씀드렸더니, 아까 지나온 사크레쾨르 성당의 위치를 알려 주셨다. South를 Sacre로 잘못 알아들은 것 같았지만 말이 길어져도 서로 못 알아들을 것이 분명해 그냥 감사의 인사를 드리고 나왔다.

몽마르트르 거리의 악단

박물관에서 나와 골목골목을 누비던 중 흥겨운 음악을 연주하는 거리의 악단과 마주했다. 나는 춤을 잘 못 추지만 외국에서는 주변의 눈치를 보지 않고 몸을 들썩인다. 음악을 듣는 시간만큼은 주변의 눈치를 보지 않고 '온전한 나'로 지내게 해준 거리의 악단에게 감상비를 꼭 지불하고 싶어서 좋은 음악과 행복한 시간을 선물해 준 이들에게 동전 한 닢을 선물하고는 다시 길을 나섰다.

몽마르트르 박물관

반 고흐가 살았던 파란 대문의 집과, 17세기에는 30대 이상이었으나 현재는 2대 밖에 남아있지 않은 갈레트 풍차와 라데 풍차를 지나 영화 〈아멜리에〉의 촬영지였던 레 뒤 물랭 카페로 향했다.

2001년에 개봉한 영화 〈아멜리에〉는 예쁜 색감과 예쁜 여주인공, 그리고 조곤조곤 예쁜 대사와 아름다운 풍경들이 조화롭게 어우러진 영화다. 파리의 풍경과 카페의 모습을 어찌나 예쁘게 화면에 담았던지 영화를 보는 내내 영화 〈아멜리에〉의 촬영 장소였던 레 뒤 물랭 카페에서 커피 한 잔을 꼭 마셔보고 싶었다. 레 뒤 물랭 카페에서 커피 한 잔을 시켜놓고는 일기도 쓰고 사진도 보고 지도도 찾아보며 여유로운 시간을 가졌다. 혼자 여행을 한다는 건 시간을 어떻게 사용해도 괜찮다는 것을 의미하니까.

"행운은 자전거 레이스와 같은 거야. 기다리면 섬광처럼 지나가지. 붙잡을 수 있을 때 꽉 잡지 않으면 후회해."

– 영화 〈아멜리에〉 대사 중

레 뒤 물랭 카페

레 뒤 물랭 카페에서

물랭루즈

Outro 내가 여행을 좋아하는 이유는 직장에서의 '허주임'도 아니고 집에서의 '막내딸'도 아닌 온전한 나로 지낼 수 있기 때문이다. '그 누군가의 누구'라는 타이틀이 주는 무게감을 짊어지고 생활할 필요가 없다. 그냥 '온전한 나'로 하루하루를 맞이해도 좋다.

여행지에서의 내일은 〈업무〉가 아닌 〈또 다른 여행〉이다.

여행지에서의 실수는 〈경험〉이고 〈추억〉이다.

두려울 것도 무서울 것도 걱정할 것도 없이 그냥 즐기면 된다.

그래서 나는 여행이 좋다.

✈ 셰익스피어 앤 컴퍼니에 가기

Intro 내게 사랑하는 방법과 사랑받는 방법을 알려 주었던 그가 내게 추천했던 영화 〈비포 시리즈〉 영화 비포 시리즈를 보며 '다시 파리 여행을 하게 된다면 셰익스피어 앤 컴퍼니에 꼭 가봐야지'하고 다짐했었다.
그는 이미 과거가 되었지만 비포 선 셋의 배경이 되었던 셰익스피어 앤 컴퍼니에는 꼭 가보고 싶었다. 그와 함께 걷던 길을 걷다가 문뜩 그와의 추억이 떠오른다고 해서 그를 못 잊은 것이 아니듯, 그와 함께 보았던 영화의 배경지를 찾아갔다고 해서 그를 못 잊은 것은 아니다. 그저, 가장 뜨겁게 사랑했던 그때의 내가 그리워 그냥 한 번 가보고 싶었다.

  셰익스피어 앤 컴퍼니는 영화 〈비포 선 셋〉과 영화 〈미드나잇 인 파리〉의 촬영지였던 작은 서점으로, 영화의 배경을 위해 제작된 서점이 아닌 원래 영미 서적을 팔던 서점이다. 세계 2차 대전으로 나치가 프랑스를 점거하면서 사라졌던 영미 서적 서점인 실비아 서점의 맥을 잇는 곳으로, 1950년대 세계 2차 대전 이후 파리에서 유학하던 미국인 조지 휘트먼(George Whitman)에 의해 문을 열게 되었다.
  셰익스피어 앤 컴퍼니는 노트르담 성당에서 센 강을 가로지른 맞은편에 있어 쉽게 찾을 수 있는 곳임에도 불구하고, 종이 지도를 들고 찾아가느라 무척 힘들게 찾아갔다. 하지만 분명 종이 지도만의 낭만은 있다. 종이 지도를 들고 도로명 주소로 길을 찾다 보면 머릿속에 여행지의 지도가 선명하게 그려진다.
  이 점이 점점 디지털화가 되어가는 현대 사회에서 아날로그가 사랑받는 이유가 아닌가 싶다. 아날로그, 종이 지도, 손 편지, 일기장의 낭만. 핸드폰 하나 없었을 뿐인데 점점 아날로그 낭만에 빠져들었다.

셰익스피어 앤 컴퍼니

　영화 비포 시리즈의 두 번째 작품인 〈비포 선 셋〉에서 남녀 주인공이 재회하는 장소였던 셰익스피어 앤 컴퍼니 서점. 영화 비포 시리즈를 보고 있자면 가슴이 뭉클해진다. 그 이유는 감독과 주인공 그리고 관객 모두가 영화와 함께 나이가 들어가기 때문이 아닐까 싶다.

　1996년에 개봉한 비포 선라이즈와 2004년에 개봉한 비포 선셋, 그리고 2013년에 개봉한 비포 미드나잇까지. 감독과 주인공이 바뀌지 않고 관객과 함께 세월을 보냈다. 함께 나이 들어간다는 것은 꽤 의미 있는 일이다.

　젊은 청춘의 삶과 사랑을 다루었던 〈비포 선라이즈〉가 개봉했던 시기에 나는 HOT 티셔츠를 입고 거리를 거닐던 용감한 초등학생이었다. 하룻밤 사랑에 온몸을 불사르던 젊은 청춘의 사랑을 이해하기엔 너무나 어렸다. 때문에 비포 시리즈와 함께 나이를 먹었다고 할 수 있는 세대는 아니지만, 유럽여행 중 기차에서 만난 젊은 청춘의 사랑 이야기에 설렜고 나의 청춘에도 그런 운명적인 사랑이 찾아올 것 같다는 희망을 가지게 했다. 물론 희망은 희망일 뿐 영화 속 여주인공은 팔 다리 길이부터 나와 달랐다.

　어렵게 찾아간 셰익스피어 앤 컴퍼니 서점 1층은 파리의 다른 서점과 크게 다르지 않았다. 1층을 관람하고 2층으로 올라가는데 어디에선가 피아노 선율이 흐르고 있었다. 피아노 선율이 흐르는 곳에는 누군가 장식품처럼 놓인 피아노 앞에 앉아 피아노를 연주하고 있었고, 그 옆에서 누군가는 글을 쓰고 있었으며 다른 누군가는 피아노 선율을 감상하고 있었다.

내 삶에서 가장 뜨겁고 찬란했던 사랑은 셰익스피어 앤 컴퍼니의 책장에 넣어 두고, 영화보다 더 영화 같던 장면을 카메라에 담아 왔다.

셰익스피어 앤 컴퍼니 실내

"젊을 땐 사랑의 기회가 얼마든지 올 것 같지만 그런 기회는 많지 않지. 올 때 꽉 잡아야 돼"

— 영화 비포 선셋에서

Outro 그냥 한 번쯤은 가보고 싶었던 셰익스피어 앤 컴퍼니. 오랜 세월 서점과 함께 한 손때 묻은 책들과 앤티크 한 실내 장식은 영화에서의 사랑만큼이나 낭만적이었다. 영화 같은 사랑은 있을 수 없겠지만 그래도 그런 사랑이 찾아오길 바라본다.

✈ 신 개선문을 뛰어올라 구 개선문 오르기

> **Intro** "솔아 우리 파리 가서 뭐 한 거니? 개선문도 안 올라가 보고."
> 어느 날 TV 프로그램 '꽃보다 할배' 프랑스 편을 본 분이가 물었다. 분이의 이야기에 '꽃보다 할배' 프랑스 편을 보고는 개선문 위에서의 파리에 또 한 번 반했다. 두 번째 파리 여행에서는 첫 번째 여행에서 하지 못했던 것들과 가보지 못했던 곳들을 경험하고 싶었다.
> 첫 번째 여행에서는 신 개선문이라 불리는 라데팡스에도 가보지 못하고, 구 개선문은 올라가지 않았었다. 그러고 보니 높은 곳에서 파리 전경을 바라본 경험은 몽마르트르 언덕과 노트르담 대성당뿐이었다. 그래서 계획한 신 개선문을 뛰어올라 구 개선문에 오르기.

우리가 흔히 신 개선문이라 부르는 라데팡스는 1958년 프랑스 파리 서부 외곽 지역에 현대식으로 건설된 상업 지구를 칭하는 명칭이다. 파리와는 지하철로 10분 거리에 위치해 있으며 고전적인 매력의 파리와는 대조적으로 현대식 건물과 현대적인 느낌이 강렬한 장소이다. 신 개선문은 1989년 라데팡스 지구에 프랑스 혁명 200주년을 기념하여 건축가 오포 폰 스프렉켈슨의 설계에 따라 건설된 〈라 그랑드 아르슈〉이다.

지하철 1호선 라 데팡스(La defense) 역에서 하차하여 엄청난 높이를 자랑하는 독특한 형상의 라 그랑드 아르슈 앞에 섰다. 그리고는 처음 계획했던 대로 신 개선문을 뛰어오르기 위하여 지나가는 파리지앵에게 사진을 부탁했다.

"실례합니다민 사진 좀 찍어 주시겠어요? 제가 저기 서서 점프를 할 거예요. 하나 둘 셋 찰칵. 이렇게요."
"OK!"

파리지앵은 자신 있는 표정으로 카메라를 받아 들었다. 그런 그의 모습은 TV에서 보던 포토그래퍼의 모습과 흡사했다.

건물은 반이나 잘라 먹고 심지어 바닥이 반이다. 친절하게 구도를 잡아서 직접 찍은 사진을 보여주며 부탁을 드렸지만 소용이 없었다. 다른 분께 다시 부탁했지만 다른 사람이 찍어준다고 해서 성공한다는 보장은 없었다. 내가 아무리 구도를 잡고 부탁을 해도 그들은 모두 주변 배경을 전혀 신경 쓰지 않고 멋대로 건물을 반이나 잘라가며 나를 정 중앙에 놓고 자신만의 스타일로 사진을 찍었다. 그랑드 아르슈 앞에서의 30번 넘는 점프 끝에 큰 깨달음 하나를 얻었다.

'외국인들은 사진을 찍을 때 사람을 중앙에 넣고 싶어 한다.'

바닥을 중요시하는 것도 아니고 하늘을 중요하게 생각하는 것도 아니고, 그렇다고 내 여행 사진을 망치고자 하는 의도도 아니다. 그저 사진의 주인공인 나를 세상의 중심에 놓고 싶어 했고 그런 그들의 예쁜 마음이 나를 30번이나 뛰게 만들었다. 예쁜 마음이 결과를 예쁘게 만드는 것은 아니라는 인생의 진리도 여기에서 배웠다. 30번 정도의 점프 후 '에라이 이정도에 만족하자'라며 카메라를 받아 들었다.

다시 지하철을 타고 개선문에 가도 되지만 고전미가 느껴지는 파리와는 다른 현대식 건물이 즐비한 라데팡스를 조금 더 거닐고 싶다는 생각에 무작정 개선문 방향으로 걷기 시작했다. 30번 넘게 뛰어서 그런지 허기가 졌고, 허기를 채우기 위한 크루아상과 개선문에 올라 파리 전경을 바라보며 마실 와인 한 병을 사서 라데팡스를 거닐었다.

현대식 상업지역이어서 그런지 고전적인 느낌의 파리 중심지와는 꽤 다른 느낌이었고 고전적인 느낌의 파리를 사랑한 나에게는 높은 건물이 즐비한 라데팡스는 크게 매력적이지 않았다. 물론 물과 어우러진 독특한 조형물과 깔끔하고 단정하게 건축된 고층 건축물들은 파리의 다른 지역과는 차별화된 차분한 분위기였지만, 그저 송도를 보는 느낌이 들 뿐이었다.

라데팡스에서

두 성서장 정도 길있을까? 디리기 아파서 무작정 버스 정류장으로 향했다. 만나는 사람마다 "How to get to bus station?"이라고 물으며 버스 정류장을 찾아 헤맸다. 처음 해외여행을 할 때에는 "I want to go to"를 가장 많이 썼었는데, 길 물어 보는 일이 많아서 문장 하나 외워간 것이 'How to get to' 다.
 버스 정류장에 어렵게 도착해서도 개선문에 가려면 도대체 어떤 버스를 타야하는지 도무지 알 수가 없어서, 지하철역까지 다시 걸어가 지하철을 타고 샤를 드 골 에투알(Charles de gaulle Etoile) 역에서 내렸다.

 전쟁의 승리를 축하하기 위하여 나폴레옹 1세의 명령에 의해 세워지기 시작했으나 그의 사후에 완공되어, 건설을 명령한 나폴레옹 1세조차 사후에나 통과했다는 구 개선문을 통과한 후, TV에서 보았던 파리의 전경을 보기 위해 매표소에서 표를 샀다.

 "와인은 들고 올라 갈 수 없어."

 구 개선문으로 올라가려는데 매표소 직원이 나를 제지했다. 구 개선문에서 와인을 마시고 싶어서 와인을 산 것이라 난감했지만 와인은 매표소 직원에게 잠시 맡기고 개선문에 올라갔다.
 개선문 위에서 바라본 파리 시내는 12개의 거리가 방사형으로 펼쳐져 있었고, 〈신 개선문 - 구 개선문 - 샹젤리제 거리 - 콩코르드 광장〉이 일직선상에 놓여있어 신 개선문과 샹젤리제 거리가 참으로 멋스러웠다.
 개선문 위에서 에펠탑을 바라보며 '내가 왜 이곳을 놓쳤을까?' 생각했다. 그리고는 개선문에서 내려와 당연히 거닐어야 하는 샹젤리제 거리로 향했다.

개선문

개선문 위에서 바라본 파리 시내

샹젤리제 거리에 있는 아베크롬비

샹젤리제 거리를 걷게 된다면 루이뷔통 본점에 들어가 가방 하나를 사고, 루이뷔통 옆에 있다는 루이뷔통 갤러리 만큼은 꼭 가겠다고 노트에 적어 두었었다. 학생이 아닌 직장인 신분으로 떠나는 여행이니 엄마 선물을 사려고 생각했던 건데, 아쉽게도 전날 핸드폰과 함께 정신도 분실했는지 들어가 보지도 못하고 그냥 지나쳤다. 물론 루이뷔통 갤러리도 생각도 못하고 지나쳤다.

　엄마 선물은 그냥 지나쳐놓고, 잘생긴 근육질의 오빠들이 웃옷을 벗고 함께 사진을 찍어준다는 소문의 아베크롬비는 잊지 않고 들어갔다. 초록 잔디의 화려한 외관을 통과한 후 들어간 아베크롬비는 외관보다 실내가 더욱 화려했다. 그리고 소문과는 달리 오빠들은 모두 옷을 입고 있었다.
　괜찮았다. 전혀 아쉽지 않았다. 처음부터 같이 사진 찍을 생각은 하나도 없었다….
　아베크롬비에서 나와 다시 샹젤리제 거리를 걷는데 숙소에서 동생들이 추천해 주었던 마카롱이 생각났다.

"오늘 샹젤리제 거리에 가면 OOO에서 마카롱 꼭 사 먹어요."

마카롱 맛집이라는 라뒤레

분명 마카롱은 기억이 나는데, 가게 이름이 기억나지 않았다.

"혹시 프랑스 사람인가요?"
"샹젤리제 거리에 유명한 마카롱 집이 두 개 있다던데 어디인지 아나요?"
"라뒤레?"

어떻게 해서든 먹고 싶어 지나가는 사람마다 붙들고 물어보았다. 피에르에르메는 이미 알고 있었으니, 피에르에르메가 아닌 다른 상호가 나오면 그게 정답일 거라 생각했다. 그런데 이럴 수가. 지금까지 피에르에르메 마카롱이 파리에서 가장 유명한 줄 알았는데 그 누구도 피에르에르메를 말하지 않았다. 이 사실을 당장 분이에게 말해줄 수 없다는 게 답답할 뿐이었다.

파리에서 가장 유명한 마카롱 집 〈라뒤레〉에 들어가서 마카롱 네 개를 사서 샹젤리제 거리를 걸으며 두 개, 샹젤리제 거리의 벤치에 앉아 두 개를 먹었다. 와인과 함께한 마카롱은 더욱 달콤했다.

샹젤리제 거리와 콩코르드 광장을 지나 도착한 튈르리 정원은 일광욕을 즐기는 파리지앵들로 가득했다. 누군가는 의자에 앉아 독서를 하고 누군가는 튈르리 정원을 바라보고 누군가는 따사로운 햇살을 맞으며 일광욕을 즐기고 있었다. 이미 많이 걸어 다리가 아파오던 나도 햇살 아래 의자를 놓고 일광욕을 시작했다. 튈르리 정원에서도 보이는 에펠탑은 여전히 낭만적이었다.

튈르리 정원을 지나 도착한 루브르 박물관에서는 '책에서나 볼 수 있는 모나리자를 한 번 더 볼까?' 생각했지만 책에서는 볼 수 없는 인파에 질려 포기하고 말았다. 이렇게 또 온종일 걸었다. 신 개선문 - 구 개선문 - 샹젤리제 거리 - 콩코르드 광장 - 튈르리 정원 - 루브르 박물관 - 까 후셀 다리(사랑의 다리) - 오르세 미술관까지. 만보기로 측정했다면 터키에서의 삼만 보 보다 더 많이 걸은 것 같았다.

튈르리 정원에서 바라보는 에펠탑

> **Outro** 누군가에게는 일상인 파리가 나에겐 설레는 여행길이었다.
> 그들에게는 일상인 거리를 온종일 설레는 마음으로 거닐었다.
> 나에겐 일상인 서울을 또 누군가는 설레는 마음으로 거닐겠지.
> 날마다 여행하듯 설레는 마음으로 오늘을 보낼 수 있다면 얼마나 좋을까.
> - 파리의 거리를 거닐며 쓴 일기에서

✈ 샤요 궁에서 에펠탑과 함께 하는 인생 샷

> **Intro** 많은 사람들이 알고 있는 유명한 사진. 배우 공효진과 배우 류승범이 샤요 궁 중턱 난간에 앉아 에펠탑을 배경삼아 찍은 사진을 나도 꼭 찍고 싶었다. 샤요 궁 난간에 앉아 에펠탑과 함께 사진을 찍는다면 이는 분명 내 인생 최고의 인생 샷이 될 거라고 생각했다.

"난간에 앉지 마세요!"
"한 번만 찍을게요...."

여행에서 남는 것은 사진이라며 파리에서의 인생 샷을 남기기 위해 샤요 궁 난간에 앉자 어디에선가 호루라기 소리가 들려왔다. 소리가 난 곳을 바라보니 멋진 경비원이 나를 제지하는 소리였다.

간절하게 사정하는 내게 그는 "딱 한 번만"이라며 허락해 주었다. 마음까지 잘생겼다! 그의 허락에 잽싸게 난간에 앉아 지나가는 사람에게 사진을 부탁했고, 어렵게 찍은 사진을 보고는 깜짝 놀랐다.

난간 샷을 기대했으나, 대략 난감 샷

샤요 궁에서 바라본 에펠탑

'아니요. 이럴 거면 내가 사정사정해 가며 난간에 앉을 필요가 없었잖아요!'라는 말은 가슴속에 묻어두곤 마음에 없는 인사를 하며 카메라를 받아들었다. 공효진과 류승범의 사진처럼 다리가 나왔어야 했다. 그래서 일부러 공효진처럼 바지를 입고 갔는데 사진을 허리에서 잘라 버린 것이다. 내가 분명 머리부터 발끝을 손으로 가리키며 "Full Shot"이라고 했는데 얼굴이 Full이었다. 경비원이 "딱 한 번만"이라고 했기 때문에 샤요 궁 중턱에서의 인생 샷은 포기하고 샤요 궁 정상으로 올라갔다. 맨 위에서는 더 멋진 사진을 찍을 수 있을 것만 같았다.

하지만 올라가 보니 난간에 올라가지 못하도록 철재 구조물로 막혀 있었다. 결국 내가 원하던 인생 샷은 난간에 앉았는지 어쨌는지 모를 사진으로 만족해야 했다. 그러다 얼굴에 '한국인'을 써 붙인 듯 누가 봐도 한국인인 분이 계셔서 사진을 부탁했더니 "역시 한국인의 사진은 한국인이 찍어야 하죠?"라며 나의 마음을 읽으신 듯 카메라를 받아들었다. 하지만 철재 구조물 탓에 난간에 앉을 수 없어 끝끝내 공효진과 류승범과 같은 사진은 찍지 못했다.

사진을 찍고 나니 저녁을 먹을 때가 되었고, 사진을 찍어준 동생이(언제 봤다고 동생) 달팽이 요리를 먹으러 간다고 했다. 나는 파리가 두 번째인데 그 유명하다는 달팽이 요리를 한 번도 못 먹어 봤다고 하니, 자기도 처음이라며 제가 묵는 호스텔 옆 침대를 쓰는 언니와 함께 가기로 했다고 같이 가자고 했다.

식당에 앉아 어색함속에 인사를 나누니 어렵게 번 돈으로 더 어렵게 회사에 휴가를 써서 파리에 왔을 그녀는 나보다 두 살이 많았다. 요리를 시키며 와인 괜찮냐는 혜임 언니의 물음에 회사원에서 오는 동질감 보다 애주가에서 오는 더 큰 동질감이 느껴졌다. 함께 음식 값을 지불해야 하기 때문에 차마 물어보지 못했던 그 말을 언니가 물어봐 주니 너무나 고마웠다.

에스카르고 맛집 샤르띠에

선택한 요리와 와인은 아주 성공적이었다. 요리는 다 먹었지만 "와인 한 병 더 시킬까요?" 용기를 내어 물으니, 혜임 언니는 마트에서 와인 사서 에펠탑 앞에서 마시자고 했다. 동생은 바토무슈 유람선을 타러 떠나고, 혜임 언니와 나는 마트에 들러 와인 두 병과 치즈 하나를 골라 들고는 에펠탑으로 향했다. 이날의 에펠탑은 유방암 인식 고취의 달 캠페인의 목적으로 핑크로 물들어 있었다. 핑크 리본으로 장식된 에펠탑에서는 또 다른 멋스러움이 느껴졌다.

100년이 넘는 역사를 가진 파리의 레스토랑 <샤르띠에>

운영시간 / 11:30~15:00, 18:00~22:00 연중무휴
주소 / 7 Rue du Faubourg Montmartre, 75009 Paris
교통 / M8,9 Grand boulevardes역 도보 10분 이내

→ "달팽이 요리 맛없다고 했던 사람 다 나와"
'미식의 도시 파리에 왔다면 에스카르고(달팽이 요리) 정도는 먹어 봐야 하지 않을까?' 생각했다. 하지만 가격이 비싼 것에 비해 맛이 없다는 이야기를 많이 들어서 첫 번째 파리 여행에서는 못 먹어 봤다. 그러다 두 번째 파리 여행에서 우연히 만난 동생을 따라가서 먹어본 에스카르고는 정말 최고였다. 누가 에스카르고를 맛없다 했는가!

조정래 작가의 소설 〈정글만리〉에서 와인을 '각양각색의 잔으로 먼저 눈으로 마시고, 잔을 부딪치면서 귀로 마시고, 잔을 기울이면서 향을 코로 마시고, 혀로 핥으며 입으로 마시는 술'로 표현할 만큼, 오감으로 마시는 술이 와인이다. 오감으로 마시는 와인과 함께 눈앞에는 보랏빛 에펠탑이 반짝이고 있다. 와인의 알코올 때문인지 검은 바탕에 보랏빛 에펠탑 때문인지 기분이 한껏 고조되어 가슴이 뛰었다.

잔디밭에 앉아 와인을 홀짝홀짝 마시며 취기가 오를 때쯤 언니가 물었다.

"우리 유랑(인터넷 유럽여행 카페)에 글 올려서 같이 술 마실 사람 오라고 할까?"

아날로그 여행을 하던 나에게 '파리에서의 번개'란 문화적 충격이었다. 내게 유랑은 '제가 유럽여행 코스를 짰는데 괜찮은지 봐주세요.' 따위의 글을 올리며 자신의 여행 스케줄을 확인받는 유럽여행자들의 교과서 같은 존재였는

데, 타인에게 유랑은 '에펠탑 앞에서 술 마시고 있으니 같이 마실 분 오세요.'라는 글을 올리면 실시간으로 함께 마실 사람이 오는 만남의 광장 같은 존재였다.

'설마 한국도 아니고 프랑스인데 누가 올까?' 의심했는데 글을 올린 지 얼마 되지 않아 남자 한 명과 여자 한 명이 맥주 6캔을 사 들고 왔다. 말 그대로 문화적 충격이었다. 불과 3년 만에 여행 문화가 이렇게 많이 변했다는 사실도 충격이었고, 이렇게 여행을 한다면 혼자 여행을 오더라도 전혀 외롭지 않을 것 같다는 생각을 했다. 문화적 충격은 잠시뿐, 그들이 사온 캔 맥주를 나눠 마시며 이야기 꽃을 피웠다. 신나게 놀다가 지하철이 끊길 12시가 지나서야 숙소로 향했다.

Outro 〈샤요 궁 난간에 앉은 에펠탑과 함께 하는 인생 샷〉은 건지지 못했지만 소중한 인연들을 얻었다. 만약 새로운 것, 새로운 사람을 만나는 것을 두려워하고, '혹시'하는 걱정에 '시작'하는 것을 두려워했다면 경험하지 못했을 소중한 추억과 인연이었다.

✈ 시간 많은 파리지앵 가이드와의 시내 투어

> **Intro** 여행을 떠나기 전에는 항상 그 여행지의 배경인 영화를 보고, 소설 또는 에세이를 읽는다.
> 파리 여행 전에도 〈PARIS IN〉라는 제목의 여행 책 한 권을 읽었고, 그 책에서 오페라 가르니에 근처의 5유로짜리 파스타 가게인 〈파스타 드 칼리〉를 추천해서 파리에 가면 꼭 이 파스타를 먹겠다고 다짐했다.

〈파스타 드 칼리〉 찾아가기
1. 책에는 오페라 근처라는 말과 함께 주소만 적혀 있었다.
2. 내 지도에는 파스타 드 칼리의 도로명 주소가 표기되어 있지 않았다.
3. 길가는 사람을 붙잡아 길을 물었고, 그들은 구글 맵을 켜서 내게 길을 알려 주었다.
4. 노트에 파스타 집으로 향하는 지도를 손수 그렸다.
5. 지나가는 세 명의 파리지앵에게 길을 물었고, 그들의 구글맵에 의존하여 파스타 드 칼리에 도착했다.
6. 노력이 무색하게도 그 가게는 사라지고 없었다.

오페라 역 근처라는 이야기에 일단 오페라 역까지는 왔으나 달랑 주소 하나만으로 길을 찾기란 여간 힘든 일이 아니었다. 결국 지나가는 파리지앵에게 주소를 보여주며 길을 물었고, 파리지앵들은 구글맵으로 길을 찾아 구글 지도를 보여 주었다. 그럼 나는 그들의 지도를 노트에 옮겨 적어가며 파스타 드 칼리로 향했다. 그러나 나의 노력이 무색하게 파스타 드 칼리는 사라지고 없었다.

"맛집이라며! 맛집인데 왜 망해?"

파스타 먹으러 왔는데 파스타 드 칼 리가 없어졌으니 뭘 먹어야 하나 고민을 하다가 바로 옆 건물에서 온통 파리지앵으로 가득한 크레페 집을 발견하고는 들어갔다.

전통 크레페

크레페 가게 종업원은 4인 테이블에 두 명이 앉아 식사를 하는 곳으로 나를 안내했고, 생각하지 못한 합석에 어색함을 느끼는 사람은 단연 나 하나였다. 옆에서 식사하던 남색 정장의 패션 피플들은 나를 쳐다보지도 않았다. 테이블에 앉아 무얼 먹을까 고민을 하다가 남색 정장의 패션 피플들이 먹는 크레페를 손가락으로 가리켰다.

"저들이 먹는 것으로 주세요."

생크림과 초코크림 그리고 온갖 과일을 넣고 돌돌 말아 주는 크레페는 먹어 보았지만 치즈만으로 맛을 낸 전통 크레페는 처음이었다. 치즈가 익숙하지 않은 내게는 느끼함이 없지 않았지만 짭쪼롬한 크레페를 앉은 자리에서 남김없이 다 먹어치웠다. 비록 계획 없이 들어갔지만 이 크레페 가게는 맛집이 틀림없었다. 내가 먹고 있는 동안에도 자리가 없어서 포기하고 돌아간 팀이 3팀이나 되었고 그들은 모두 현지인이었다.

전통 크레페 <La Creperie Traditionnelle>

운영시간 / 평일 : 오전 11:30~오후 10:00 / 토요일 오후 12:30~오후 10:00 / 일요일 휴무

주소 / 2 Rue de Hanovre, 75002 Paris 2e arrondissement

홈페이지 / creperie-traditionnelle.com

전화번호 / +33 1 84 19 45 12

교통 / M3,7, 8 Opera / RER A Auber 도보 10분 이내

→ 맛집이라고 책에 번듯하게 적혀 있었지만 망해서 사라진 파스타 드 칼리 의 옆 건물에 있던 전통 크레페 가게.

크레페를 다 먹고는 터질 것 같은 배를 부여잡고 한 2분 정도 걸었나? 이전 파스타 드 칼리에서 한 블록 떨어진 빵집 앞에 많은 파리지앵이 길게 줄 서 있는 모습을 발견했다. 배가 너무 불러서 토할 것 같았지만 나도 모르게 일단 줄부터 섰다. 언제나 사람들이 길게 줄을 서 있으면 무조건 줄부터 서고 보는 이상한 습관이 있다. 그러고는 앞사람한테 물어본다.

"여기 뭐 하는 곳이에요?"
"여기 빵이 유명한가 봐요?"
"네, 아주 맛있어요."

일단 줄부터 선 후에 앞에 서 있는 파리지앵 언니한테 물으니 엄지손가락을 치켜세우며 찬양했다. 배가 터질 것 같았지만 자칭 빵순이가 유명한 빵집을 그냥 지나칠 수 없어, 파리지앵 언니가 추천해 준 크루아상과 에클레르를 구매했다. 현지인들만 간다는 크레페 맛집에 이어 줄 서서 먹는다는 유명한 빵집까지 알아냈다는 뿌듯함에 광대가 승천했다. 크루아상과 에클레르를 사들고는

여기 유명한 빵집인가보요?

오페라 가르니에 앉아서 노래하는 거리의 악단들을 바라보며 크루아상을 먹는 행복한 상상을 하며 오페라로 향했다.

오페라 가르니에 계단에 앉아 크루아상을 먹다 보니 아까의 파스타 드 칼리의 개고생쯤은 말끔하게 잊힌 듯 했다.

오페라 가르니에 앞에서 크루아상

"이 빵 어디서 샀어?"

크루아상을 맛있게 먹고 있는데 저 옆에서 하릴없이 시간만 죽이고 있던 파리지앵이 내 옆으로 와 앉아 물었다.

'으하하, 역시 유명한 빵집이구나. 내가 또 파리의 맛집 하나를 더 알아냈구나!' 싶어서 노트에 그려 놓았던 (알아보는 것이 용할 만큼 아날로그적인) 지도와 전 파스타 드 칼리의 주소, 그리고 사진기로 찍어 두었던 빵집 간판을 보여주며 가는 방법을 설명해 주었다.

그러나 그는 빵집으로 향하지 않고 내 빵을 바라보며 파리에는 언제 왔는지 왜 왔는지 파리는 좋은지 등을 물어보았다. '네가 들고 있는 그 엄청난 빵은 먹고 싶으나 직접 빵집에 찾아 가기는 귀찮고, 네 빵을 내게 좀 나눠줘'라는 뜻으로 자꾸 말을 거는 것 같았지만, 내 빵을 나눠주고 싶은 마음은 추호도 없었기에 먹고 있던 크루아상을 전부 내 입에 쑤셔 넣고는 초등 영어로 천천히 대답했다.

오페라 가르니에

"3일 전에 왔고 이번이 두 번째 파리 여행이야. 나는 파리를 사랑해."

외국 여행을 하다보면 항상 다짐한다. '한국에 돌아가면 기필코 영어 공부를 하리라!' 물론 한국에 돌아가면 1주일 내로 다짐은 잊는다.

빵을 다 먹어 치웠는데도 그는 내 곁을 떠나지 않고 에펠탑에는 가봤는지, 노트르담 성당은 가보았는지 물었다.

"다 가봤어. 심지어 에펠탑 보러 가다가 핸드폰까지 도난당했어."
"저런 안타깝구나. 파리에서는 빅 포켓(그들이 소매치기를 칭하는 용어)을 조심해야 해. 빅 포켓들이 아시아 사람들의 주머니만 노려. 아시아인들이 돈이 많거든."
"아참! 파리 시청은 가봤어?"

그는 나를 위로하며 마지막 히든 카드를 꺼내는 듯한 회심의 미소를 지으며 물었다.

107

"거기는 2012년에 가봤었어. 그런데 이번에는 못 가봤네."
"내가 데려다줄게. 갈래?"
"그래. 가보자."

이렇게 한가한 파리지앵 가이드와 함께 하는 파리 시내 투어가 시작되었다. 파리 시청으로 가기 위해 지하철 오페라역으로 들어가 미리 사두었던 까르네(전철표)를 찾았지만, 보이지 않았다. 파리지앵 가이드는 까르네를 찾다가 포기하고 까르네를 사기 위해 매표소로 향하는 나에게 "이거 써"라며 자신의 까르네를 건네주었다. "메르씨"라며 까르네를 받고는 파리 시청으로 향했다.

런던 올림픽이 한창이던 2012년 여름. 시청 앞 광장에 누워 런던 올림픽을 관람하던 파리 시민들과 그들을 감싸 안던 파리 시청은 무척이나 화려하고 아름다웠다. 처음 만났던 파리 시청은 올림픽을 관람하던 시민들 덕분에 더욱 인상적이었고, 다시 만난 파리 시청은 시민들 없이도 여전히 아름다웠다.

"여기 서봐. 사진 찍어 줄게."

'혹시 내 카메라 들고 도망가는 거 아냐?'라는 걱정이 들었다. 굳이 빵집을 물어본 것도, 빵집을 알려 주었지만 빵집에 안 가고 내 옆에서 빵을 노려보던 것도, 자신의 까르네까지 주면서 파리 시청에 데려온 것도 뭔가 의심스러웠지만 일단 카메라를 넘겨주었다. 여차하면 함께 달릴 생각이었다.

파리 시청

그러나 그는 의심한 것이 민망하리만큼 열정적으로 사진을 찍어 주었다. 물론 맘에 들지는 않았다.

    사진을 찍은 후에는 파리 시청에서 가까운 노트르담 대성당으로 향했다. 파리지앵 가이드와 함께 하는 파리 시내 투어는 아주 유쾌하고 재미있었다. 그는 온갖 보디랭귀지를 활용해가며 그 장소의 역사적, 사회적 지식을 내게 전달하려고 노력했으며, 그가 최선을 다해 설명해주는 정보들과 열정적으로 찍어주는 사진 또한 참으로 유쾌했다. 그리고 누가 파리 사람 아니랄까봐 노트르담 성당에서 찍어준 사진도 노트르담 성당의 상부를 댕강 잘라 버렸다.

"건물을 자르지 말고 노트르담 성당이 다 보이게 찍어줘."

특별히 부탁한 후 찍은 사진은 더 가관이었다. 마음에 없는 감사의 표시를 한 후 카메라를 받아 들었다. 그렇지 않으면 30번 이상 점프해야 한다는 걸 알고 있었다.

"아 맞다. 나 눅스 오일 사야 하는데. 혹시 시티 파르마라고 알아?"

이날의 목표는 파스타 드 칼리에서 파스타를 먹고 시티 파르마에 가서 눅스 오일을 사는 것이었다. 비록 파스타 드 칼리는 못 갔지만 눅스 오일은 사고 싶어 묻자, 그는 구글맵으로 찾은 뒤 길을 안내했다. 시티 파르마는 약국 상호로 파리에서는 화장품을 약국에서 판매한다. 파리여행에서 에펠탑 열쇠고리만큼이나 많이 사 가는 것이 화장품이기 때문에 〈파리 약국 쇼핑 리스트〉가 인터넷상 돌아다닐 정도로 많은 이들이 파리여행에서 빠뜨리지 않고 방문하는 곳이 약국이다.

그 중 눅스 오일, 유리아주 립밤, 마비스 치약, 바이오더마 클렌징 워터는 여행자들이 빠뜨리지 않고 구매하는 필수 쇼핑 물품이다. 눅스 오일과 유리아주 립밤을 구매한 후 물건 값을 지불하고 나오는 내게 그는 쇼핑한 짐을 들어주겠다며 친절을 베풀었지만 무겁지 않아서 사양했다.

"파리에는 한식집이 많아. 그런데 신기한 게 Korean restaurant에 가보면 사장은 Chinese. 그리고 Japanese restaurant에서도 사장은 Chinese. Chinese restaurant의 사장도 Chinese야.

"그리고 중국 사람들이 파리로 여행을 많이 와. 그런데 그들이 사가는 기념품 대부분이 Made in China래."

길을 걷는 내내 친절한 그는 많은 이야기로 나를 유쾌하게 만들었다. 파리의 골목길을 걷다가 한식집을 발견한 그의 이야기에 공감이 가서 한참을 웃었다.

"뤽상부르 공원은 가봤어?"
"아니, 거기 좋아?"
"내 생각에는 파리에서 가장 아름다운 공원이야. 정말 크고 정말 아름다워."
"오! 그럼 가보자 룩셈부르."
"흠... 룩셈부르크는 너무 멀어."
"아 맞다. 뤽상부르. 하하. 아 한국에 룩셈부르크라는 노래가 있어. 룩!룩!룩셈부르크."

민망한 마음에 크라잉넛의 〈룩셈부르크〉라는 노래를 불렀지만 그는 웃어주지 않았다.
'도대체 뭐 하는 사람이기에 길도 안내해 주고 이렇게 친절을 베푸는 걸까?' 궁금해서 직업을 물어보니, 나이는 서른두 살에 파리에서 스파 여러 개를 운영하는 CEO라고 했다. 그래서 영어, 중국어, 일본어, 이탈리아어까지 할 줄 안다나. 'CEO가 이렇게 한가할 수 없는데'하는 의심과 함께 '서른둘의 비주얼은 아닌데'하는 의심이 들었으나, 그가 CEO가 맞든 아니든 상관없었다.
그를 만나지 않았다면 뤽상부르 공원에는 가지 않았겠지. 그렇다면 파리의 공원 중 최고로 아름다웠던 뤽상부르 공원을 만나지 못했겠지. 계획에 없던 뤽상부르 공원에 데려다 준 그는 참 고마운 가이드였다.

뤽상부르 공원

뤽상부르 궁

아름다운 공원을 걸으며 그가 물었다.

"파리에는 휴가로 온 거야?"
"응! 한국은 지금 추석이거든."
"추석? 추석이라면 한국의 thanks giving day?"
"응. 맞아. 땡스 기빙 데이."
"한국은 휴가가 며칠이야?"
"5일!"
"어?... 5일?"
"응. 5일."
"5주?"
"아니 5일. 프랑스는 휴가가 며칠인데?"
"우린 5주 정도?"
"5주면 휴가가 아니라 방학이잖아!"
"한국은 듣던 대로 워커홀릭이구나. 너무 일을 열심히 하는 거 아냐?"
"응. 그런데 워커홀릭은 나도 하기 싫어!"

처음에는 추석 연휴 3일과 이어서 2일을 연차 처리해서 놀러 왔다는 사실에 놀란 줄 알았다. '추석에 연차 처리도 할 수 있다니 너는 정말 대단하구나!' 하는 감탄인 줄 알았는데, 알고 보니 휴가가 5일 밖에 안 된다는 사실에 놀란 것이다. 물론 나도 놀랐다. 휴가가 어떻게 5주나 된단 말인가! 나도 5주 한 번 쉬어보고 싶다는 이룰 수 없는 소망이 간절해지는 순간이었다.

"소르본 대학은 가봤어?"
"아니."
"소르본 대학은 파리에서 가장 유명한 대학이야."

"아 그래? 그럼 너도 파리에서 대학 나왔어? 소르본 대학?"
"아니. 파리에서 대학 나왔는데 소르본 대학은 아니야. 그런데 소르본 대학 앞에는 젊은 사람들도 많고 음식점들도 많아. 한 번 가볼래?"
"그래 한 번 가보자!"

뤽상부르 공원 끝에서 파리에서 가장 유명한 대학이라는 소르본 대학으로 향했다.

파리에서 가장 유명한 대학이라는 소르본 대학교

그가 유명하다고 강력히 추천해서 오긴 했는데 딱히 볼 건 없었다. 신촌이나 홍대 앞 같은 활기찬 느낌도 아니고 그냥 뭐 심심한 대학가 모습 쯤.

"커피 마실래? 아니면 아이스크림 먹을래?"
"커피!"

너무 많이 걸어서 지칠 때쯤 그는 소르본 대학 앞의 테라스가 있는 커피숍으로 나를 이끌더니 아이스 헤이즐넛 커피를 한 잔을 사주었다.

"왜 네가 사! 내가 살 수 있어."
"아냐, 내가 사주고 싶어. 선물이야."

염치없는 내게 시원한 커피도 사줘, 길도 안내해줘, 사진도 찍어줘, 짐도 들어줘, 웃겨줘, 비록 못 알아들었지만 역사적 사회적 지식도 설명해줘, 게다가 버스표까지 주다니! 정말 고마워. 멋진 파리지앵 가이드.

소르본 대학에서 커피 한 잔을 마신 후 센 강의 생 미셸 다리를 건너며 그가 말했다.

"저기가 콩시에르쥬리야."
"응. 저기가 콩시에르쥬리야? 나 콩시에르쥬리 알아! 마리 앙투아네트가 갇혀 있던 형무소잖아."

원래는 궁전이었지만 왕들이 루브르와 뱅센느로 궁전을 옮기게 되자 감옥으로 바뀌게 된 콩시에르쥬리. 마리 앙투아네트가 갇혀 있던 파리 최초의 형무소이자 파리에서 가장 오래된 시계탑을 가지고 있는 장소이다. 여행 전 콩시에르쥬리에 대한 역사적 사실을 공부해 갔으나 정작 콩시에르쥬리가 어떻게 생겼는지는 몰라서 그가 아니었다면 보고도 그냥 지나칠 뻔했다.

마리 앙투아네트가 갇혀 있던 콩시에르쥬리

"저 백화점은 아주 오래된 백화점이야. 150년 정도 되었는데 지금은 위험해서 공사 중이라 들어갈 수 없어."
"근데 타워크레인 색이 프랑스 국기네, 흰색 파란색 빨간색."

지금은 완공된 라 사마리텐 백화점의 옥상 전망대에 올라 파리 전경을 바라보면 센 강과 퐁네프 다리가 한눈에 내려다보인다고 한다. 150년 전에 백화점이 있었다는 그의 이야기도 놀라웠지만 타워크레인의 색깔이 프랑스 국기 색깔이라는 사실은 더욱 놀라웠다.

2012년 예술의 다리 위에 몇 개의 자물쇠가 걸려 있는 것을 보고는 남산 타워의 흉물이 되어버린 사랑의 자물쇠를 떠올렸었다. 그리고 몇 년 후 기사를 통

해 '파리의 예술의 다리 위에, 사랑을 증명하고 싶은 연인들이 너도나도 자물쇠를 걸어 놓다가, 다리가 무너질 위험이 놓이게 되어 자물쇠를 해체하기에 이르렀다'는 사실을 알게 되었다. 역시 3년 후 파리에 와보니, 예술의 다리 위에 있던 자물쇠들은 모두 철거되어 다른 곳에 이동되어 있었다.

"여기 서 봐. 내가 저 피라미드를 네가 들고 있는 것처럼 찍어줄게."

루브르 박물관의 피라미드 앞에 도착하자 다들 비슷한 포즈로 사진을 찍고 있어, 사진을 찍긴 찍었는데 너무 못난이로 나와서 놀란 나머지 카메라를 꺼 버렸다. 사진이라는 것은 실물을 있는 그대로 담기 위해 찍는 것이 아니라 더 예쁘게 나오길 바라며 찍는 것인데, 너무 실물 그대로 담아주었다. 물론 카메라가 좋은 탓이겠지. 과학 기술의 발달로 카메라의 기능은 날이 갈수록 좋아지고 덕분에 실물을 있는 그대로 카메라에 담아낸다. 나로서는 과학 기술의 발전이 참으로 안타까운 일이 아닐 수 없다.

루브르 박물관을 지나 튈르리 정원을 걸으며 그가 내게 말했다.

"외국 사람들은 한국인이랑 중국인이랑 일본인을 잘 구별 못 해. 그런데 나는 구별할 수 있어."
"오 맞아! 자꾸 나한테 니하오라고 해. 그런데 어떻게 구별할 수 있어?"
"길을 걸으면서 침을 퉤 퉤 뱉으면 중국인이야. 팔자걸음으로 걷는 여자는 일본인이지."
"그럼 한국 사람은?"
"중국인도 아니고 일본인도 아니면 한국 사람이야."
"흠...."

우리가 영국인과 미국인 그리고 캐나다인을 잘 구별하지 못 하는 것처럼 외국 사람들도 한국인과 중국인 그리고 일본인을 잘 구별하지 못한다. 하지만 한국인들끼리는 기가 막히게 서로를 알아본다. 그러고는 조심스럽게 말을 건넨다.

"저 혹시 한국이세요? 사진 좀..."

세계 각 국을 여행하며 많은 분들한테 사진을 부탁해 보았지만 한국인만큼 인물 사진을 기가 막히게 찍어주는 사람은 없었다. 또한 한국인만큼 사진의 각도와 여행지의 배경을 그림처럼 담아내는 사람도 없었다.

튈르리 정원의 분수 앞에 앉아 휴식도 취하고 그와 함께 길을 거닐다보니 벌써 저녁 먹을 시간이 되었다. 이제 숙소로 돌아가서 저녁을 먹어야 한다고 말하려던 순간, 가게에서 연락이 와서 이만 가봐야겠다며 메일 주소 알려주면 연락하겠다고 나의 메일 주소를 받고는 홀연히 떠나버렸다. 그리고 아직까지 메일이 없다.

튈르리 정원

튈르리 정원을 지키는 카루젤 개선문

"내가 엄청난 빵집을 발견했어요. 사람들이 길게 줄 서 있는 빵집이었는데 분명 맛집일 거예요. 틀림없어요. 그 빵을 먹고 있는데, 맛있어 보였는지 파리지앵이 빵집을 물어보는 거예요. 그래서 빵집 주소 알려주다가 친해져서 온종일 같이 돌아다녔잖아요."

숙소에 들어와서 숙소 친구들에게 자랑삼아 말하자, 한 남학생도 그런 빵집 있어서 간판 찍었다고 해서 사진을 보니 간판 이름이 〈BOULANGERIE PATISSERIE〉로 똑같았다. 남학생이 찍어온 간판의 이름과 내가 찍어온 간판의 이름이 같아서 체인점이라고 확신했다.

"아 프랑스의 파리바게뜨, 또는 뚜레쥬르 같은 체인점 빵집인가 보네요! 난 또 엄청난 빵집을 발견한 줄 알고 행복했네."

그러나 간판에 대문짝만하게 적혀있던 〈BOULANGERIE PATISSERIE〉은 빵집 이름이 아니라 단순하게 빵집이란 뜻이었다. (BOULANGERIE = 빵 제조소, PARISSERIE = 케이크 집) 그리고 그 빵집 이름은 〈GAETAN ROMP〉이며, 파리에서 소문난 빵집이 맞았다.

Tip 2011년 파리 최고 바게트 2위에 빛나는 빵집 <GAETAN ROMP>

주소 / 14 Rue de la Michodiere, 75002 Paris
교통 / M3,7,9 Opera역 도보 10분 이내

→ 파리하면 당연히 바게트인 줄 알았으나, <GAETAN ROMP>의 크루아상을 맛본 후 바뀌었다. 이제 내게는 파리하면 무조건 크루아상이다.

Outro 세상을 너무 아름답게만 보지 말라는 이야기와 세상 무서운 줄 모르고 아무나 따라가면 안 된다는 이야기를 참 많이도 들어왔다.
학창시절 국내 배낭여행을 하면서 6박 7일 중 5박은 얻어 자고 1박은 찜질방.
잠도 얻어 자놓고 밥까지 얻어먹는 뻔뻔함.
처음 보는 언니네에서 얻어 자면서, 빨래까지 하던 깔끔함.
한 시간이 넘는 거리는 히치하이킹을 환승하여 목적지에 도달하던 치밀함.
염치도 없으면서 뻔뻔하고 치밀하고 겁까지 없던 여행자였다.
최악의 순간에도 최고로 아름다웠던 시절이었고, 텅 빈 주머니에 넉살과 오지랖만 채워 넣고 떠났던 여행이었고, 평생 곱씹으며 생각날 만큼 낭만적이었다. 지금 생각해보면 그런 여행 그때 아니면 언제 해볼 수 있었을까 싶다. 그때에도 다시 못 할 경험일 줄은 알았으나, 지나고 보니 그때 경험해보길 참 잘했다는 생각이 든다. 의심 많고 주머니가 따뜻한 지금은 절대 못 할 경험이다.
"세상 무서운 줄 모르고 위험하게 왜 따라갔어"라고 말하겠지만, 세상은 여전히 따뜻하고 아름다웠으며 그는 나에게 더할 나위 없이 친절하고 고마운 가이드였다.

✈ 센 강 유람선 타고 야경 한 번 더

Intro 회사 대리님이 물었다.

"너에게는 여기가 첫 회사잖아. 원래 첫 회사는 이직하고 싶고 그만두고 싶은 마음이 드는데 너는 그런 마음 안 들었어?"

"여행 끝나고 돌아올 때마다 "돌아가면 더 열심히 일해서 또 나가야지"라는 생각을 해요. 사실 처음 취업할 때에는 딱 3년만 일하고 세계 여행을 떠날 계획이었어요. 그런데 회사에 다니다 보니 회사에 다니면서도 세계 여행을 할 수 있겠더라고요."

"그래 맞아. 나도 이 회사로 이직하기 전에 전 회사를 그만두고 일 년 반 동안 공부를 했었거든. 물론 일 년 반 동안. 내가 계획했던 모든 것들은 다 했어. 그런데 내가 후회했던 게 뭔지 알아? 내가 잠을 좀 줄이고 노력했더라면 회사에 다니면서도 할 수 있는 일이었다는 거야. 그러니까 회사에 다니면서 할 수 있는 일을 회사를 그만두고 하지는 마."

그렇게 또 한 달을 열심히 일하고 월급이 들어왔다. 적금, 연금, 펀드, 보험료 빼놓고 엄마한테 생활비 보내드리고 지난달 카드 값까지 빼니 역시 얼마 남지 않았지만, 월급도 받았겠다 기분이 좋아서 퇴근길에 닭강정 한 컵을 사 들고 버스를 타러 걸어가면서 숨을 크게 한 번 들이쉬니 서울의 찬 공기가 콧속으로 들어와 온몸을 여행하는 기분이 들었다.

"그래 돈 벌만 하네."

그러곤 내게 "한 달 동안 정말 수고 많았다"라는 독백을 건네는데 지금까지의 그 어떤 이야기보다 근사한 위로로 다가와 한 달 동안의 피로가 싹 가시는 기분이었다. 그러고 보니 남에게는 수백 번 전했던 말인데 내게는 참으로 인색했던 말. 얼마나 고생이 많았는지는 내가 가장 잘 아는데 말이다.

(남이 보기에) 일이 힘들건, 편하건 간에

(남이 보기에) 일이 쉽건, 어렵건 간에

남의 돈 벌기란 절대 쉽지가 않다는 사실을 3년 차에 깨달았다.

3년 차 직장인으로서 수고가 많았던 내게 그렇게 원하던 파리 여행을 선물해 주고 싶었다.

회색 도시 쳇바퀴처럼 굴러가는 나날을 뒤로하고 파리의 찬 공기가 콧속으로 들어가 온몸을 여행하는 기분을 느끼고 싶었다. 한 번 더 센 강 유람선에서 찬바람을 맞으며 센 강 위를 달리고 싶었다.

유람선 위에서 바라보았던 별이 빛나는 밤의 에펠탑을 잊지 못해서 파리에서의 마지막 날에는 유람선을 꼭 타겠노라 생각했다. 한 번 더 유람선에서 찬바람을 맞으며 센 강 위를 달리고 싶었다. 그러던 중 숙소 룸메이트인 하나 언니와 주영이가 스트라스부르에 다녀오는 길에 바토무슈를 타러 간다고 하기에, 만나서 함께 가기로 했다. 나는 핸드폰이 없어서 중간에 연락할 방법이 없으니 9시 30분에 알마 마르소 역 1번 출구 앞에서 만나기로 약속하고 헤어졌는데, 알고 보니 바토무슈 선착장은 알마 마르소 2번 출구 근처였다.

바토무슈 선착장
→ M9 알마 마르소(alma marceau) 역 2번 출구로 나와서 5분 거리

늦게 않게 도착해서 주영이와 하나 언니를 기다리는데, 그녀들은 오지 않았다. 불길한 기운이 스멀스멀 올라오기 시작했다. 나는 내일 파리를 떠나야 하니 오늘 유람선을 타지 않으면 이번 여행에서는 유람선을 못 탈 텐데, 연락할 방법이 없다. 시간이 지나면서 점점 불안해졌다.

45분을 기다리다가 한국인을 찾아서 핸드폰 좀 빌려보려고 했지만 막상 한국인을 만나면 '말을 걸어야 하나 말아야 하나'하는 갈등이 계속되었다. 결국 유람선 탑승 시간이 임박해 지나가는 한국인에게 말을 걸었다.

"제가 여행 첫날 핸드폰을 소매치기 당했거든요. 그리고 오늘 숙소 룸메이트와 9시 30분에 이곳에서 만나기로 했는데 연락이 안 돼서요. 죄송하지만 카톡을 좀 빌릴 수 있을까요?"
"이이고 어떻게 해요. 네, 쓰세요."
"대한민국 만세!"

나보다 어려 보이고 두 배는 예뻐 보이던 커플은 흔쾌히 핸드폰을 빌려주었다. 이런 것이 한국인의 정인가! 정말 고마운 마음에 눈물이 핑 돌았다. 그런데 핸드폰은 빌렸으나 카톡 아이디가 기억나지 않았다. 어제 들었던 주영이와 하나 언니의 카톡 아이디를 기억해 내려 했지만 실패했다. 그때 저 쪽에서 나를 부르는 언니와 주영이의 반가운 목소리가 들렸다. 그녀들과의 재회에 대한 반가움도 잠시, 탑승 시간까지 5분밖에 남지 않았기에 만나자마자 뛰었다.

센 강에서 바라보는 가을밤의 에펠탑. 그리고 누구나 꿈꿔 보았을 사랑하는 사람과 센 강에서의 와인 한 잔. 3년 전 15년 지기 친구와 함께 바라본 프랑스 파리도, 만난 지 3일 된 숙소 룸메이트와 함께 바라본 프랑스 파리도 정말 아름다웠다. 두 번 다 사랑하는 연인과 함께 하지는 못했지만, 사랑하는 인연들과 함께 했기에 행복했다.(잠깐 눈물 좀 닦고) 그리고 확실한 것은 가을밤의 에펠탑 보다 여름밤의 에펠탑이 훨씬 더 아름답다는 사실.

지금도 가을날의 기분 좋은 찬 기운이 몸에 닿으면 2015년 가을의 행복했던 프랑스 파리가 그림처럼 떠오른다. 여름날의 파리보다 가을날의 파리가 여행하기는 더욱 좋았지만 에펠탑만큼은 여름날의 에펠탑이 훨씬 아름다웠다.

바토무슈는 3년 전과 마찬가지로 여전히 한국인들에게(만) 인기 있는 것처럼 한국인들로 북새통을 이뤘다. 아니 어쩌면 그때보다 더욱 한국 같은 느낌이었다. 그래서 다음에 다시 파리를 방문한다면 유람선은 타지 않기로 마음먹었다. 유람선은 3년 전과 다를 바 없이 건물을 지나고 나서야 한국어 설명을 들을 수 있었다. 예를 들면 지금 내가 보는 건물은 샤요 궁인데 설명은 에펠탑에 대한 설명이 흘러 나왔다.

날씨가 꽤 쌀쌀했지만, 파리지앵들은 여전히 강가에 모여 음주 가무를 즐기고 있었다. 그러고 보니 아침 일찍 일어나 센 강변을 산책한 후 테라스가 있는 카페에 앉아 아메리카노 한 잔과 베이글을 먹고 싶었는데 못 해보고, 밤에 센 강 변에서 음주 가무를 즐기는 파리지앵들과 와인을 마셔보고도 싶었는데 그것도 못 해봤다. 다시 파리에 가면 꼭 센 강에서 아침 조깅을 하고 밤에는 음주 가무를 즐겨야겠다고 다짐했다. 유람선의 선회가 끝날 무렵 에펠탑의 반짝반짝 레이저 쇼가 시작되었다. 일렁이는 센 강 유람선 위에서의 에펠탑 레이저 쇼는 변함없이 아름다웠다.

Outro 3년 전에는 취업을 하면 3년 동안 열심히 일해서 결혼할 돈을 저축해 놓고 세계여행을 떠나겠다는 목표를 세웠었다. 3년 후에는 세계여행이라는 목표보다 결혼을 한다는 가정이 더 큰 자만이었음을 깨달았고, 한 번에 세계여행이라는 목표는 고이 접어 두고는 회사생활을 열심히 하고 있다.

그렇다고 포기한 것은 아니다. 한 번에 전 세계를 모두 여행하지는 못하더라도 천천히 전 세계를 눈에 담을 것이다. 조금 늦더라도 언젠가는 꼭 세계를 두 눈에 담고 두 다리로 밟을 것이다. 방법이 바뀌었을 뿐 목표와 꿈은 변하지 않았다.

파리와 센 강 그리고 유람선과 나.
변한 것은 어디에도 없었고, 변함없는 내 꿈도 언젠간 이루어질 것이다.

✈ 동화 속 세상 스트라스부르에 가다

> **Intro** 유럽여행을 함께 했던 분이가 TV 프로그램 '꽃보다 할배'를 보더니 스트라스부르라는 도시에 감탄을 금치 못하고 전화를 했다.
>
> "솔아 꽃할배 보고 있니? 지금 〈하울의 움직이는 성〉의 배경이 되는 도시가 나오는데 프랑스에 있대. 우리 도대체 프랑스 가서 뭐 한 거니?"
>
> 당시 분이의 연락을 받자마자 '꽃보다 할배'를 봤고, 동화책에서 나온 듯한 풍경에 감탄했다. 그곳이 바로 프랑스의 스트라스부르다. 파리 이외의 지역을 한 곳 정도는 가보고 싶어서 스트라스부르가 어디에 있는지도 모르면서 일단 기차표부터 예약했다.
>
> 기차표를 예약한 후 지도를 펼치니 세상에나 네덜란드와 너무나 멀었다. 이럴 줄 알았으면 스위스나 독일 아웃을 선택했어야 했다. 하지만 이미 파리와 암스테르담이 가깝다는 이유만으로 별생각 없이 파리-in 네덜란드-out 비행기 표를 예약한 후였다.
>
> 에라 모르겠다. 그냥 가자 스트라스부르로!

두 번째 유럽여행에서는 파리에서의 숙소만 예약하고 떠났다. 남은 숙소는 유럽에 도착한 후 가장 저렴한 호스텔을 직접 보고 선택하겠다는 생각이었다. 그러나 휴대전화를 도난당한 후 나머지 숙소를 선택할 때는 세 가지 이유 때문에 한인 민박을 최우선으로 찾았다.

첫째, 다음 여행지의 숙소를 예약하기 위해서는 한글 자판의 컴퓨터가 필요하다.

둘째, 여행지에 대한 정보를 받기 위해서는 숙소 주인과 대화가 잘 통해야 한다.

셋째, 새벽 기차를 놓치지 않기 위해서는 모닝콜이 필요하다.

파리에서의 마지막 날 아침. 숙소 노트북을 켜고 다음날 묵을 스트라스부르의 한인 민박을 찾기 시작했다. 거북이걸음의 인터넷 속도를 견디며 몹시 어렵게 스트라스부르에 하나밖에 없다는 한인 민박을 찾았지만 숙소를 예약하려면 에어비앤비에 가입해야 했다. 고난의 시작이었다.

1. 거북이걸음의 인터넷 속도를 견디며 신상 정보를 작성하고 나니, 프로필 사진을 올리란다.
2. 휴대전화의 부재로 인하여 셀카도 함께 증발했기 때문에 SNS에 들어가서 셀카를 다운로드하여 프로필 사진을 업로드했다.
3. 거북이걸음의 인터넷 속도를 견디며 프로필 사진을 올렸더니 이제는 여권으로 신분을 인증하란다.
4. 스캔해 두었던 여권 사본이 없었기 때문에 DSLR(카메라)로 여권을 찍어 업로드했다.
5. DSLR(카메라)의 화소가 쓸데없이 너무 좋아서 용량 초과로 실패했다.
6. 그림판으로 사진 용량을 줄인 후 여권으로 신분 인증을 마치니, 이제는 SNS를 인증하거나 15초짜리 소개 동영상을 올리란다.
7. 15초짜리 소개 동영상은 무리가 있을 것 같아서 페이스북으로 SNS 인증을 했더니 이제는 핸드폰 인증을 하란다. 더 이상은 못 참겠다 싶어서 거북이걸음 속도의 인터넷으로 숙소 주소를 찾기 시작했다. 숙소 주소를 찾아서 숙소로 무작정 찾아 가야겠다는 생각이었다. 하지만 에어비앤비는 바보가 아니었다. 나 같은 사람을 예상이라도 했는지 숙소 주소나 주인의 연락처를 쉽게 알려주지 않았다. 그럼 혹시 블로그나 카페라도 있길 희망했지만 블로그조차 찾을 수 없었다. (나중에 물어보니 블로그는 있는데 내가 못 찾은 거라고 한다.)
8. 결국 똘똘한 에어비앤비에 내가 졌고, 숙소 이모님의 휴대전화를 빌려서 휴대전화 인증에 성공했다.

9. 세 시간이 걸린 가입과 동시에 화가 났다. 아니, 폭발했다.

"숙소는 어떻게 예약해?"
"그냥 가서 예약해도 돼. 나는 앞으로 숙소 예약을 하지 않고 다닐 생각이야."

그동안 친구들의 질문에 함부로 입을 놀린 것을 마음속으로 사과했다. 앞으로 입을 함부로 놀리지 않겠노라며 진심으로 사과했다.

파리의 아침

파리에서 스트라스부르로 향하는 기차는 아침 7시 25분에 타야 했다. 기차에 오르기 위해 새벽같이 떠나느라 고마웠던 숙소 언니 동생들에게는 SNS에 감사의 인사를 남긴 뒤 파리 동역으로 떠났다. 일곱 시가 되기 전에 동역에 도착해 따뜻한 아메리카노 한 잔과 파리에서의 마지막 크루아상을 구매한 후 기차에 올랐다. 아침 일찍 일어나서 기차도 무사히 탔겠다, 숙소도 잘 예약해뒀겠다, 더는 걱정할 게 없었다.

기차표를 확인하는데 기차표의 성과 이름이 바뀌어 있었다. 세상에나 또 잘못 예약한 것이다. 갑자기 2012년 유럽여행의 유로 기부 천사 시절이 떠오르면서 불길한 기운이 스멀스멀 올라왔다. '설마 또 벌금을 내는 건 아니겠지?' 걱정했지만 다행히 바코드만 찍을 뿐 신분 확인은 하지 않았다. 기차는 출발했고 따뜻한 아메리카노와 크루아상을 먹으며 일기를 쓰기 시작했다.

'여행이 일상이 된다면 그 여행 또한 지루해지겠지?'라고 생각했었는데, 1년 6개월의 여행을 계획하여 6개월째 여행 중이던 숙소 여행자한테 물으니 "그렇지 않다"고 대답했다. 매번 다른 지역으로 여행을 떠나기 때문에 매번 새롭다고 했다. 여행 5일차인 지금의 나도 새로운 지역인 스트라스부르로 향하는 길이 매우 설렌다.

지도를 펼치고 도로명 주소로 길을 찾고 핸드폰이 없어서 손목시계로 시간을 인지하고 공책에 그림을 그려가며 설명하고 대답을 듣는 지금의 여행. 나쁘지 않다. 아니 아주 좋다. 여행이라는 건 실수를 해도 실패해도 좋은 추억이라는 결과물을 가져다주어서 참 좋다.

- 스트라스부르로 향하는 기차에서

트램 정거장

스트라스부르의 숙소에 도착해서 짐을 풀자마자, 다시 기차를 타고 20분을 달려 쁘띠 베니스라 불리는 콜마르 역에 도착해 인포메이션센터에서 콜마르 지도를 받았다.

"쁘띠 베니스는 어떻게 가야 해요?"
"15분 정도 걸으면 쁘띠 베니스에요. 좋은 여행 되세요."

안내원은 지도에 검은색 펜으로 줄을 그어가며 설명해 주고는 축복을 빌어주었다.

쁘띠 베니스에 도착하자 너무 배가 고파서 일단 점심 식사부터 하려고 주위를 둘러보니 다들 똑같은 것을 먹고 있었다. '이 구역은 저 파스타집이 접수했구나.'하는 생각에 파스타 가게를 찾아 같은 파스타를 주문했다. 다 같은 컵을 들고 똑같은 음식을 먹고 있는 것이 신기하고 귀여워서 사진을 찍었다. 하지만 분명 다들 똑같은 걸 먹고 있는 사진을 찍었던 것 같은데 카메라에는 금발머리 오빠를 찍기 위해 시도했던 엉뚱한 건물 사진 10장만 남아있었다. 불가사의하다. (누가 봐도 동생이지만 '오빠'라고 부르고 싶었다. 보검 '오빠'처럼.)

콜마르에서 기차로 조용한 시골마을 풍경을 지나 스트라스부르에 도착하자마자 크루아상을 사서 돌아다니기 시작했다. 더는 프랑스 하면 바게트가 아니다. 프랑스는 크루아상이다. 나의 크루아상 사랑을 듣고 프랑스 여행을 다녀온 친구들 모두, '솔아 네 말이 맞았어. 프랑스 하면 바게트가 아니야! 크루아상이야'라며 크루아상에 대한 극찬을 아끼지 않았다. 겹겹이 쌓인 크루아상은 정말 최고다.

스트라스부르의 건축물들은 서로 어깨를 기대고 서 있던 네덜란드 암스테르담의 건축물과 비슷했다. 용적률과 건폐율에 너그럽지 않은 대한민국에서는 볼 수 없는 건축물로, '스트라스부르를 〈쁘띠 프랑스〉라고 부르기보다는 〈쁘띠 암스테르담〉으로 부르는 게 맞지 않을까?' 라는 생각이 들었다.

콜마르

스트라스부르를 열심히 걸어 노트르담 대성당에 도착했다. 1988년 세계문화유산으로 지정된 스트라스부르의 노트르담 대성당은 파리의 노트르담 대성당과는 다른 모습이었다. 파리의 노트르담 대성당이 고딕건축의 걸작이라면 스트라스부르의 노트르담 대성당은 로마네스크 양식부터 고딕 양식까지 여러 건축 양식을 아우르는 섬세한 종교 건축물이다. 1625년부터 1847년까지 200년간 세계에서 가장 높은 건축물이었던 스트라스부르의 노트르담 대성당은 오랜 역사가 말해주듯 그 화려함을 뽐내고 있었고 스테인드글라스는 성당의 명성만큼이나 크고 화려했다.

스트라스부르는 건물도 아름다웠지만 길 곳곳에 피어있는 꽃들이 그 아름다움을 더했다. 꽃향기 그리고 꽃에 매료된 여행자들의 미소까지 아름다웠다. 웬만한 음식은 다 맛있는 최악의 미각이지만, 시각과 후각만큼은 살아있어 이곳에서 매료된 향긋한 꽃향기와 아름다운 풍경들은 길이길이 기억될 것 같다.

> **Outro** 첫 유럽여행 이후 파리에서 가이드나 민박집 등 여행과 관련된 일을 하고 싶은 꿈이 생겼는데, 여행을 다닐수록 그 꿈에는 자신이 없어진다.
> 타지에서의 오랜 외로움을 이겨낼 자신도 없고, 잠깐 다녀가는 이들에게 정을 주었다가 떠나보내는 역할을 할 자신은 더더욱 없다. 좋으면 옆에 두고 싶은데, 여행이라는 것은 머무는 것이 아니라 무조건 떠나보낼 수밖에 없기 때문에 그런 역할을 할 자신이 없다.
> 학창시절 패밀리 레스토랑에서 아르바이트할 때에도 그랬다. 스무 살에 아르바이트를 시작한 나는 어느덧 스물넷. 나는 계속 나이를 먹고 있지만 새로 들어오는 아이들은 계속 스무 살, 스물한 살. 육체적인 고단함보다 정을 주고 떠나보내는 역할이 힘들었다.
> 그래서 앞으로도 쭉 여행자이고 싶다.
> 다시 생각해도 나는 여행자가 딱이다.

스트라스부르에서 크루아상

스트라스부르를 거닐다

스트라스부르 노트르담 대성당

노트르담 성당 스테인드글라스

스트라스부르 광장

03
• 하루투어 벨기에와 네덜란드

✈ Prologue

두 번째 파리여행을 계획하며 파리만 가기는 아쉬워서 기차로 두세 시간 거리에 있는 나라를 찾아보았고, 기차로 3시간 거리에 네덜란드가 있었다. 네덜란드 암스테르담이라면 2012년 체코 여행에서 만났던 훈남이 사는 도시다.

"한국 사람이야?"
"나는 K-POP 좋아해! 그중에서 빅뱅과 2NE1을 좋아해."
"한국은 이렇게 아름답고 멋진 나라야. 네덜란드는 뭐가 유명하니?"
"대마초와 매춘."

나 홀로 프라하 공원의 잔디밭에 누워 음악을 듣고 있는데 어디선가 나타난 훈남이 다가왔다. 18세 고딩이라던 그는 시키지도 않은 2NE1의 노래를 불렀다. 분명 얼굴은 친구였지만 나이는 한참 어린 그에게 대한민국 여행 사진을 보여주며 네덜란드는 뭐가 유명한지 물으니 대답이 첫인상만큼이나 당돌했다. 내게 네덜란드는 히딩크, 치즈, 튤립의 나라였는데 대마초와 매춘이라니 참으로 충격적인 대답이었다.

그와 함께 걸었던 프라하의 골목을 생각하며 결정했다.

"그래. 아웃은 암스테르담이다!"

그래서 정해진 항공 스케줄.
프랑스 파리 in, 네덜란드 암스테르담 out.

네덜란드 귀요미

그랑플라스 광장

비행기 예약 후 지도를 펼쳐보니 프랑스 파리에서 네덜란드 암스테르담으로 가기 위해서는 벨기에를 지나야 했다. 와플가게는 와플을 먹고서야 통과할 수 있을 만큼 빵을 무척 좋아해서 '와플의 고향이라는 벨기에 와플만큼은 먹어봐야 하지 않을까?'하는 생각에 벨기에 브뤼셀을 추가로 계획했다. 물론 벨기에 브뤼셀은 네덜란드 암스테르담으로 가는 길목에 있기 때문에 암스테르담으로 가는 길에 잠시 멈춘다는 생각이었다. 브뤼셀이 마음에 들면 하루 자고 마음에 들지 않으면 그날 밤 바로 기차나 버스를 타고 암스테르담으로 가려고, 기차표나 버스표 그리고 숙소는 예약하지 않았다.

단지 훈남의 고향이라는 사실만으로 선택한 네덜란드 암스테르담. 와플 한 번 먹어보겠다는 생각으로 선택한 벨기에 브뤼셀. 아무런 정보와 기대 없이 찾아갔던 두 도시는 내게 〈물의 도시 네덜란드 암스테르담〉〈야경과 빛의 도시 벨기에 브뤼셀〉이 되었다.

✈ 야경과 빛의 도시 벨기에 브뤼셀

> **Intro** 벨기에 여행에서는 와플 이외에는 별다른 기대감이 없었다. 전적으로 와플의, 와플에 의한, 와플을 위한 여행이었다. 와플 먹으러 벨기에 간다는 나에게 너무 큰 기대는 하지 않는 게 좋다고 모두들 입을 모았다.

프랑스 스트라스부르에서 벨기에 브뤼셀로 가는 직행 기차표 가격이 파리 환승 기차표 가격의 두 배 이상이었다. 두 배 이상의 가격이 부담스러워 파리에서 환승하여 브뤼셀로 향하는 기차에 올라 사랑하는 이들에게 편지와 일기장에 일기를 쓰고 나니, 벨기에 브뤼셀에 도착했다.

숙소는 지하철역과 아주 가까워 숙소에 체크인을 하자마자 오줌싸개 동상을 보러 호스텔 문을 나서는데, 잘생긴 남성이 문을 잡아주고 있는 게 아닌가. 감사하다는 인사를 하려고 그를 바라보니 그의 옆에는 붉은색 코드를 입은 예쁜 여자 친구가 서 있었다. 여자 친구를 위해 잡아준 문을 눈치 없는 내가 먼저 이용한 것이다.

"혹시 오줌싸개 동상에 갈 생각이라면 데려다줄게."

체크인 시간 전에 벨기에에 도착해서 짐은 숙소에 잠시 맡겨두고 오줌싸개 동상과 그랑플라스 광장을 보고 왔다던 커플과의 동행을 시작했다.

"우와 틴틴 벽화다."
"틴틴이 뭐에요?"
"틴틴 몰라요? 벨기에에서 유명한 만화에요!"

벨기에에 대한 정보가 정말 하나도 없었다. 사랑스러운 표정으로 틴틴을 바라보는 그녀를 보며, '이러니 남편이 반했겠구나!' 싶었다.

"결혼하셨나요? 아니면 연인?"
"결혼했어요."
"와. 혹시 신혼여행이에요?"
"네, 다섯 번째 신혼여행이죠."

결혼 5년 차 부부는 매년 결혼기념일에 세계 여행을 다닌다고 했다.

"작년에는 호주에 다녀왔고요, 그전에는 중국도 가고 일본 갔었어요."
"그런데 왜 한국은 안 갔어요? 중국이랑 일본 사이에 한국 있는데."

난감해 하는 표정이 역력해서 더는 묻지 않기로 했다.

남편과 여행하면서 호스텔에서 묵는다는 상상은 해본 적이 없지만, 매년 결혼기념일마다 여행을 다닌다는 부부가 참으로 부러웠다. 이런저런 이야기를 하며 길을 걷는데 신호를 무시하고 달리는 자동차에 의해 사고가 날 뻔했다. 생명의 위협을 느끼자마자 잽싸게 피한 후 그들을 바라보니 남편이 부인을 보호하며 피한 뒤 자동차를 바라보며 인상을 쓰고 있었다.

"내 남편은 나의 내비게이션이자 보디가드예요."

부러우면 지는 거라던데 나의 완벽한 KO 패였다.

'어라? 이게 다야?'

오줌싸개 동상은 생각보다 작았다. 가느다란 물줄기가 맥없이 흘러나오는 작은 오줌싸개 동상은 그리 오랫동안 감상할 만큼 멋진 모습이 아니어서 부부와 작별 인사를 나눈 후 와플 가게로 향했다.

벨기에 여행을 계획한 이유는 오줌싸개 동상도 그랑플라스 광장도 아닌 와플 때문이어서 와플에 대한 기대감이 무척 컸다. 일단 줄이 가장 긴 와플 가게

벨기에 바닥 모자이크

오줌싸개 동상

로 달려가, 슈가 파우더를 뿌린 방금 만든 따끈따끈한 와플을 사서 바로 한 입 베어 물었다.

모두들 실망할거라 했던 와플은 '벨기에에 오길 잘 했다'는 생각이 들 만큼 달콤하고 맛있었다. 물론 한국에서 먹었던 번트 와플과 비슷한 맛이었지만 정말 맛있었다. 같은 맛이더라도 어디에서 누구와 먹느냐에 따라 다른 것처럼. 벨기에 브뤼셀의 거리를 걸으며 와플을 먹는다는 것은 그만큼 매력적인 경험이었다.

와플을 먹었으니 다음은 감자튀김을 먹어야 했다. 벨기에에서 유학했던 친구에게서 벨기에에 가면 와플보다 감자튀김을 꼭 먹어야 한다고 신신당부를 들었기 때문에 감자튀김과 호가든을 사서 그랑플라스 광장으로 향했다.

그랑플라스 광장은 소문대로 대단했다. 세계에서 가장 아름다운 광장으로 꼽히는 것이 아깝지 않을 만큼 아름다웠고 금박을 두른 건물들의 화려함은 프랑스에서 베르사유 궁전을 처음 보았을 때처럼 신기했다.

"혹시 휴지 있나요?"
"휴지는 없고 물티슈는 있어요."

그랑플라스 광장 계단에 앉아 감자튀김을 먹으며 감탄하다가 소스를 카메라에 흘려, 물티슈를 얻어 쓴 청년은 일본인 키코(본명은 KOKI)였다.

벨기에 와플

감자튀김과 호가든

그랑플라스 광장

"나는 이제 생 미셸 성당에 갈거야. 거기 가봤니?"
"응 가봤어"
"그래 그럼 안녕. 좋은 여행되길 바라."

키코와 헤어진 후 생 미셸 성당으로 향했다. 이번에는 종이 지도도 아닌 카메라로 찍어둔 지도에 의존하며 길을 헤매다가 생 미셸 성당에 도착했다. 그런데 생 미셸 성당 앞 벤치에 키코가 앉아 있었다.

"응? 너 여기 와봤다며. 그런데 왜 또 왔어?"
"그냥 또 오고 싶어서."

그는 멋쩍게 웃었다. '혹시 나를 또 만나고 싶어서 온 건가? 핸드폰도 있고, 한 번 와봤기 때문에 나보다 먼저 도착해서 나를 기다린 건가?'하는 생각에 흐뭇했다.
그러나 한국에 돌아와 키코에 대한 이야기를 들은 친구가 말했다.

"혹시 네가 같이 가자고 할까 봐 가봤다고 말했는데, 너한테 딱 걸린 거 아냐?"

기분은 나쁘지만 묘하게 수긍이 가는 말이었다.

그때까지만 해도 눈치 없이 흐뭇해하던 나는 이것도 인연이라며 키코와의 동행을 시작했다. 브뤼셀 시청을 지나 왕립 미술관을 걸으며 키코에게 물었다.

"나는 오늘 프랑스에서 벨기에에 왔고, 내일은 네덜란드 암스테르담으로 갈 거야! 너는?"
"나는 어제까지 암스테르담을 여행했고, 이제 벨기에를 지나 프랑스 파리로 갈 거야."
"나랑 반대 루트네! 여행은 얼마나 왔어?? 얼마 전 파리에서 파리지앵을 만났는데, 프랑스는 휴가가 5주래. 방학인 줄 알았잖아! 너희도 그렇게 길어?"
"아니, 우리는 5일이야. 이번에는 힘들게 휴가 써서 10일 온 거야."
"한국은 일을 정말 많이 하는데, 일본도 야근 많이 해?"
"응. 일본도 일 많이 해. 나는 11시에 끝나는 날도 많아. 너무 힘들어."
"일본도 워커홀릭이구나."

대한민국이 빠른 성장을 이룰 수 있었던 이유는 나처럼 달력을 펼쳐놓고 놀 궁리만 하는 것이 아니라, 밤낮없이 일했던 우리네 부모님 덕분이었다는 이야기를 전해 주고 싶었지만, 영어 실력의 부족으로 표현할 방법이 없었다. 이렇게 열심히 일하다가 우리 죽는 거 아니냐고도 말하고 싶었지만 표현할 방법이 없었다.

정말 많이 걸었다. 걷고 또 걷다가 다시 찾은 그랑플라스. 시간은 6시가 훌쩍 넘어 있었고 석양을 반사하며 반짝이는 그랑플라스는 아까보다 더욱 화려하고 예쁜 모습이었다.

밤의 그랑플라스 광장

마리아가 찍어준 단체 샷

"나는 와플 하나 더 사먹고 숙소에서 좀 쉬다가 야경 보러 나올 거야. 너도 그렇게 할래?"
"그래! 8시 30분에 그랑플라스 앞에서 만나자."

무척 쉬고 싶었다는 표정의 키코와 헤어진 후, 와플을 먹으며 숙소에 들어가서 잠깐 눈을 붙이고 일어나서 시계를 보니 8시 30분이었다. '세상에나! 늦었다!' 부리나케 그랑플라스에 도착했지만 키코는 없었다. 미안해 키코.

세상에서 가장 아름다운 광장이라는 그랑플라스의 야경을 보는 순간, 미안하지만 키코를 금방 잊고 말았다. 해질녘의 그랑플라스 광장보다 어두운 하늘 아래 붉은 빛 조명으로 빛을 내는 그랑플라스의 야경은 더욱 화려하고 아름다웠다. 그랑플라스 광장은 시간이 지날수록 화려함이 더했다. 사진을 찍고 싶어서 한국인을 찾는데 한국인으로 보이는 여학생이 나를 빤히 바라보고 있었다. 그녀에게 사진을 부탁하려는 순간 나에게 아는 척을 하는 게 아닌가.

그날 잘 들어갔는지 묻는 그녀의 질문에 만취 보라 에펠탑의 퍼즐 조각이 맞춰지기 시작했다. 에펠탑 앞에서 함께 술을 마시던 혜임 언니가 유랑(유럽여행 인터넷 카페)에 에펠탑 앞에서 함께 와인 마실 사람을 모으는 글을 올렸고, 그 글을 보고 달려온 동생들과 함께 와인을 마셨다. 그리고 그때 캔 맥주 6캔을 들고 에펠탑으로 달려왔던 여학생이 방금 그랑플라스 광장에서 만난 정은이였다. 정은이는 콧수염을 멋지게 기른 콧수염 오빠와 함께 있었다. 맥주를 마시고 싶은데 혼자 마시기는 싫어서 한국인으로 보이는 오빠한테 먼저 말을 걸었다고 했다.

"저희도 한국 사람이에요. 그리고 벨기에에서는 체리 맥주를 마셔야 해요!"

콧수염 오빠와 정은이와 함께 맥주를 마시려고 하는데 옆에 앉아있던 두 명의 여학생이 말을 걸어왔다.

"안녕하세요! 친구 둘이 여행 왔나 봐요."
"아니요, 오늘 처음 만났어요. 벨기에에서 꼭 홍합을 먹고 싶었는데, 혼자 먹기는 싫어서 같이 홍합 먹을 사람을 찾고 있었거든요. 그때 한국인 여자가 스타벅스에서 와이파이를 훔쳐 쓰고 있기에 홍합 먹자고 하면서 친해졌어요."
"그럼 두 분도 오늘 처음 만난 거예요?"
"네. 스타벅스에서 와이파이 훔쳐 쓰고 있는데 갑자기 홍합 먹자고 해서 같이 먹으러 갔어요. 홍합 진짜 맛있더라고요."

그렇게 혼자 여행 온 다섯 명의 오지랖 넓은 한국인들은 벨기에 브뤼셀 그랑플라스 광장에 한인타운을 만들었다. 한국인이라는 공통분모로 모인 우리는 광장 가운데에 앉아 맥주를 마시고는 마지막 기념사진을 남기기 위해 친절해 보이는 벨기에 부인께 사진을 부탁드렸다. 그러자 그녀는 나의 카메라를 들고 "마리아! 마리아!"를 외쳤고, 우리는 "벨기에에서는 김치 또는 치즈가 마리아인가 봐요."하며 다 같이 "마리아~~"를 외치며 포즈를 취했다.

그러자 갑자기 마리아가 나타나서는 부인에게 카메라를 건네받았고, 마리아를 외치던 부인은 우리 곁으로 와서 사진을 찍었다. 이 상황이 너무 웃겨서 웃다가 얼굴이 마름모꼴로 찍혔다. 아름다운 벨기에에서의 많은 인연은 나의 여행을 더욱 풍족하게 만들어 주었다.

Outro 내가 만약 결혼한다면 잘 보이기 위하여 그럴듯하게 꾸민 모습이 아닌 온전한 나의 모습에서 예쁜 점을 찾을 수 있는 사람이길.
무슨 일이 있어도 내 곁을 지켜줄 거란 믿음을 가지고 평생을 살게 해주는 사람이길.
혹시 달아날까 혹시 떠나갈까 하는 불안함을 가지고 평생을 살아가게 하는 사람은 아니길.
항상 같은 마음으로 사랑할 수는 없겠지만 그래도 사랑할 줄 아는 사람이길.
내가 이해할 수 있고 나를 이해할 수 있는 사람이길.
그리고 나 또한 그에게 그런 사람이길.
만약 결혼하여 누군가에게 남편을 소개할 기회가 온다면 세상 가장 사랑스러운 눈빛으로 "내 남편은 나의 내비게이션이자 보디가드예요."라고 소개할 수 있길 기도했다.

✈ 물의 도시 네덜란드 암스테르담

> **Intro** 네덜란드 청년은 〈대마초와 매춘〉의 나라로 표현했지만, 내게는 〈치즈와 튤립 그리고 히딩크〉의 나라였던 네덜란드.
>
> 2002년 월드컵 당시 하드보드지로 만든 사각 상자에, 태극전사들의 사진을 붙여 만든 필통을 가지고 다닐 만큼 열정적이었던 14세의 붉은 악마였다. 시험공부를 하고 싶지 않았던 것인지 정말 축구를 좋아했던 것인지 확신할 수 없지만, 시험공부를 마다하고 태극 전사를 응원하러 다니기 바빴다.
>
> 하드보드지로 만든 필통 규격이 너무 작아서 히딩크 감독의 사진은 붙일 수 없었지만, 히딩크 감독에 대한 정보를 인터넷에 검색해 보면서, '나중에 크면 히딩크 감독의 고향인 네덜란드에 가서 꼭 치즈를 먹어 봐야지'라고 생각했었다.
>
> 어렴풋한 기억이지만 오래된 기억을 꺼내어 보며 '그래! 어릴 때부터 네덜란드에 가고 싶었어. 잘생긴 청년을 보러 가는 게 절대 아니야!'라며 여행 목적의 타당성을 찾으려 애썼다.

벨기에 브뤼셀에서 네덜란드 암스테르담으로 가는 유로라인 버스를 기다리며 커피 한 잔과 빵 한 조각을 주문했다. 여행에서의 커피 한 잔은 나에게 선물하는 '시간'이다.

"당신이 언제나 행복하기를 기원하겠습니다.
이 찻잔을 볼 때면 언제나 당신이 행복해야 한다는 사실을 기억하길 바랍니다."

— 프랑수아 를로르의 〈꾸뻬 씨의 행복 여행〉에서

오전 9시에 브뤼셀에서 출발하는 버스에 탑승하여 12시에 암스테르담에 도착했다. 하지만 숙소까지 가는 길은 매우 험난했다. 숙소를 예약하지 않은 덕에, 여행 전날 형편없는 숙소를 예약하게 되었고 덕분에 하지 않아도 될 생고생을 해가며 찾아갔던 이 날의 기억. 브뤼셀에서 암스테르담까지는 3시간 만에 도착했지만 암스테르담 터미널에서 숙소를 찾아가는데 2시간 30분이나 걸렸다. 숙소에 도착하자마자 체크인을 마친 후 재빠르게 하이네켄 팩토리로 향했다.

하이네켄 팩토리의 입장료는 18유로로 절대 저렴하지 않은 가격이었다. 프랑스, 벨기에, 네덜란드 중 네덜란드 물가가 가장 비쌌고, 이를 감안하더라도 비싼 입장료였다. 하지만 하이네켄 맥주를 세 잔이나 마실 수 있으며 보고 먹고 느끼고 만질 거리가 가득했기에 많이 아깝지는 않았다.

 암스테르담의 관광지 입장권은 관광지의 매표소가 아닌 길거리 할인권 판매소에서 구매하면 더욱 저렴한 가격에 구매할 수 있다.

하이네켄 팩토리에 가면 맥주를 미친 듯 마셔주겠노라며 주린 배를 안고 갔는데, 소주잔에 맥주를 따라주는 것이 아닌가. '지금 장난하시는 거죠?' 하지만 하이네켄의 오랜 역사와 전통에 대한 설명과 변화 과정을 따라 걷다 보니, 이번에는 작은 하이네켄 맥주잔에 맥주를 주었다. '그래 이 정도는 돼야지.'

하이네켄 팩토리에 가면 맥주를 마실 수 있다

그러나 이것이 끝이 아니었다. 이것저것 보고 먹고 놀다 보니 클럽 분위기의 바에 도착했고, 바에서는 입장권을 구매할 때 주었던 팔찌의 코인과 맥주를 교환해 주었다. 총 두 개의 코인으로 큰 컵으로 한 잔 마시거나 작은 컵으로 두 잔 마실 수 있었다. 덕분에 배부르게 맥주 한 잔을 더 마신 후 퇴장했다.

세 잔의 맥주에 살짝 취해서는 하이네켄 팩토리 앞 식당에서 파스타를 시켰다. 따스한 햇살 아래에서 암스테르담의 운하를 바라보며 먹는 파스타는 꿀맛이었다. 어쩌면 이 행복은 나를 알딸딸하게 만든 맥주 3잔 덕분이었는지도 모르겠다. 식사 후 주위를 둘러보니 네덜란드 암스테르담은 무척이나 아름다운 물의 도시였다. 골목골목을 거닐며 암스테르담의 아름다움에 취했고, 이 아름다운 도시를 카메라에 담고 싶었으나 내 실력으로는 이를 제대로 담을 수 없었다.

암스테르담의 대운하를 제대로 느껴보고 싶어, 배를 타고 대운하 곳곳을 둘러 볼 수 있는 카넬 투어를 신청했다. 카넬을 타고 좁은 골목의 암스테르담을 맛본 후 대운하로 나오자, 책에서만 보았던 이탈리아 건축가 렌조 피아노가 설계한 과학기술 박물관이 보였다.

카넬을 타고 조금 더 달리자, 꼭 한번 보고 싶었던 암스테르담 시립 도서관이 보였다. 카넬 위에서 운하를 달리며 하루만 여행하기엔 암스테르담에는 볼 게 너무 많다는 생각이 들었다. 여행 준비가 조금 더 계획적으로 되었다면, 아니 시간이 조금 더 많았더라면 좋았겠다는 생각에 너무나 아쉬웠다.

이탈리아에 물의 도시 베네치아가 있다면 네덜란드에는 암스테르담이 있다. 내가 생각하는 물의 도시는 한강이나 프랑스의 센 강처럼 〈강 – 강변 – 건물〉로 이루어진 도시가 아닌, 태국의 방콕이나 이탈리아의 베네치아 그리고 네덜란드의 암스테르담처럼 〈강 – 건물〉로 이어진 도시를 뜻한다.

암스테르담 중앙역

암스테르담에서 점심

물의 도시 암스테르담

암스테르담 시립 도서관

암스테르담 과학기술 박물관

이는 대한민국에서 본 적 없는 구조이기 때문에 우리에게 더욱 신비롭고 새롭게 다가오는 것 같다. 수변 건축뿐만 아니라, 네덜란드 암스테르담의 건축물에서는 대한민국 건축 법규상 나타나기 힘든 구조가 엿보였다. 건물과 건물이 다닥다닥 붙어있는 구조로, 암스테르담의 건축물은 대운하에 지어진 건축물로써 기초가 튼튼하지 않기 때문에 바닥 기초에만 의존할 수 없어서 옆 건물에 기대어 건물을 건축했기에 나타난 구조이다.

대운하라는 지반의 악조건을 이겨내고자 서로 기대어 건축해 다닥다닥 붙은 건물들은 네덜란드 암스테르담을 대표하는 특징이 되었다. 이를 보면서 〈전화위복〉이라는 사자성어가 생각났다. 세계 각지를 여행하다 보면 대부분의 유명한 여행지는 〈전화위복〉을 겪은 후 유명한 관광명소 또는 그 나라를 대표하는 특징이 되었다는 사실을 알 수 있었다.

이는 여행지뿐만 아니라 역사적으로도 그랬다. 어떤 나라든 위기를 극복하고 나면 전성기를 맞았다. 고구려 고국원왕이 백제 근초고왕에 의해 전사했고, 이는 고구려의 처음이자 마지막이었던 왕의 전사 사건으로 최고의 위기였다. 그 후 소수림왕이 나라를 재정비하고 이를 극복하자 광개토대왕과 장수왕이 등장하여 고구려의 전성기가 찾아왔다. 그러니까 삶이 지금 많이 버겁더라도 이내 곧 전성기가 찾아올 것이란 걸 잊지 말자.

카넬에서 내려 찾아간 안네 프랑크의 집은 내 마음을 아주 먹먹하게 만들었다. 어린 소녀는 생일날 받은 공책에 일기를 쓰며 작가의 꿈을 꾸었고, 일기장 안에는 눈앞에 보이는 죽음을 피해 숨어 지내며 겪는 감정과 고통이 고스란히 녹아있다. 소녀의 일기를 읽다 보면 끔찍했던 나치 정권의 만행과 이로 인한 유대인의 불행한 삶을 느낄 수 있다. 그리고 안네 프랑크의 집을 걷다 보면 아주 오래 전에 읽었던 안네의 일기가 떠오르며 가슴이 먹먹해진다.

독일 베를린의 유대인 박물관만 보더라도 독일은 자신들의 지난 잘못을 용서받기 위하여 오늘날까지도 용서를 빌고 있다. 독일 학교에서는 나치가 저지른 잔인한 역사를 그대로 배운다. 뿐만 아니라 독일의 정치적 수장들은 해마다 희생자들을 위한 추모행사에 참여한다. 물론 무릎을 꿇고 사과를 한다고 하여 모든 죄를 용서받을 수 있는 것은 아니지만, 그럼에도 독일은 꾸준히 사과하고 있으며 용서를 빌고 위로와 배상을 실행하고 있다. 우리의 문제와는 참 다른 결말을 짓고 있어서 한편으로는 씁쓸한 기분이 들었다.

대한민국도 35년간 아주 잔인하게 학살당했다. 근로 정신대 김정주 할머니께서는 어느 인터뷰에서 이렇게 말씀하셨다.

"나는 내 젊은 청춘 다 버린 것을 황금으로도 살 수 없고, 돈으로도 살 수 없고 해결할 수도 없다."

그녀의 이야기에 가슴 떨리는 청춘을 살고 있는 내가 너무 부끄럽고 죄송스러웠다. 십수 년째 소리 없는 아우성. 이름을 부르기도 죄송한 위안부.
그녀들은 사과를 받을 수 있을 줄 알고 신고했다고 한다. 하지만 그녀들이 받은 것은 사과가 아닌 동정 어린 눈빛과 위안부라는 사회적 낙인. 주홍글씨.

이토록 오랫동안 사과를 받지 못할 줄 알았다면 신고하지 말고 평범하게 살 걸 후회한다고 했다. 그녀들의 울부짖음 속에서 우리의 아픈 과거를 등지고, 지금 우리는 어디를 바라보고 있는 것일까?

안네 프랑크의 집

Outro 나에게 있어 여행이란 또 다른 무대이다. 일상생활에서 쉼 없이 겪던 고민과 고뇌는 잠시 넣어 두고 일상생활에선 하지 않던 행동과 생각으로 그 시간을 살아간다. 기존에 보던 것이 아닌 새로운 것들을 보며, 기존에 먹던 것이 아닌 새로운 것들을 맛본다.

여행이란 무대에서는 전보다 더 미치고, 전보다 더 신나고, 전보다 더 정신이 없어도 괜찮다. <전보다 더>라는 단어가, 더 많은 추억을 만들어줄 것이다.

여행 중에 얼음을 넣은 믹스커피 한 잔을 마시며 여유로운 시간을 가져 본 적이 있는가?

친절한 주민의 집에서 얻어 자며 주인 없는 집에서 라면을 끓여 먹어본 적이 있는가?

방음이 안 되는 작은 통 속에 누워, 새소리 물소리 바람 소리 나뭇잎 소리를 들으며 잠을 청한 적이 있는가?

아침에 문을 열었을 때, 넓게 펼쳐진 자연을 바라보며 미소를 지어본 적이 있는가?

관광객의 흥을 돋우기 위해 길거리에서 춤추는 사람들 틈에 끼어 함께 춤을 춰 본 적이 있는가?

진탕 사고를 친 후에 진한 에스프레소에 설탕 하나 넣어서 홀짝홀짝 마셔본 적이 있는가?

이 소소한 경험들을 특별한 추억으로 만들어 주는 여행이 나는 참 좋다.

앞으로도 나는 가방을 메고, 운동화를 신고, 작은 카메라를 들고 여행을 떠날 것이다.

분명 돈이 부족해서 많이 고생하고 많이 걸어 다닐 것이다.

길도 잃고 물건도 잃고 정신도 잃다가 눈물을 쏙 빼기도 할 것이다.

상황마다 생각나는 노래를 부르고 신이 나면 춤도 출 것이다.

걸음이 빨라지기도, 힘들면 바닥에 앉아 쉬며 사람 구경도 할 것이다.

돈을 아끼려다가 맛있는 것을 놓치기도 하고, 좋은 것을 못 보기도 할 것이다.

좋은 사람을 만나서 좋은 것도 맛보고 심장 떨리는 곳에도 갈 것이다.

분명 더 멀리 가고 싶어지고 더 많이 가보고 싶어질 것이다.

더 많은 사람을 만나고 더 많은 추억을 쌓고 더 많이 성장할 것이다.

그리고 더 많이 행복할 것이다.

✈ 다툼도 여행에서는 추억이다

> **Intro**   나는 걱정하지 않았다. 함께한 세월이 자그마치 14년이었다. 친구와 26일간의 유럽 배낭여행을 떠나기 전에 들었던 수많은 충고 중 하나. "친한 친구랑 둘이 유럽여행 가면 둘이 갔다가 혼자 돌아온대."
> 14년 동안 지겹도록 다퉜기 때문에 더는 다툴 일이 없을 것이라 생각했다. 나의 예상은 보기 좋게 빗나갔다. 26일간의 여행에서 14년간 다툰 횟수를 가뿐히 뛰어넘었다. 최단기간 신기록을 세우는 여행 내내 너랑 다시는 여행 안 한다고 다짐했다.

26일이라는 짧은 기간 동안 참 많이도 다퉜고 다툰 이유를 생각해 보면 창피해서 웃음이 난다. 유럽 대부분의 식당에서는 애피타이저로 빵이 나왔고, 그때마다 나는 메인 음식을 먹기도 전에 애피타이저 빵으로 배를 채웠다.

"요리 나오면 먹어. 배부르게 빵 먹지 말고."
"내가 먹겠다는데 네가 왜 뭐라 해. 내 맘이야!"

맛있는 음식을 더 많이 먹으라는 분이의 충고는 귓등으로 듣고, 밀가루 맛 빵을 열심히도 뜯었다. 어떤 날은 테이블에 앉았다가 메뉴가 마음에 들지 않아 자리를 옮기려다가도, 이미 내가 애피타이저 빵을 뜯어 먹어서 어쩔 수 없이 식사하는 날도 있었다.

식사뿐만 아니라 걸으면서도 다투기 일쑤였다. 짧은 다리로 남들과 발을 맞추기 위해 남들 3번 걸을 때 4번 걷는 게 습관이 된 나는 걸음이 빨랐고, 걸음이 느린 분이는 천천히 좀 가자며 성질을 냈다. 그럴 때마다 나는 질세라 네가 빨리 좀 걸으라며 맞받아쳤다. 그렇게 싸우면서도 서로 발을 맞춰 걸은 게 신기할 뿐이다.

여행을 하다 보면 물을 사 먹는 날이 많은데 우리는 물을 사 먹는 것은 사치라며 물통에 물을 담아 다녔다. 하지만 이 절약 정신도 얼마 가지 못했다.

"너는 왜 물통 안 들어? 이제 네가 들어."
"나는 가방이 작잖아."
"그럼 네가 내 가방 들어."
"아 그럼 물 안 마셔."

누구하나 양보하지 않는 이기적임의 끝판왕 들이었기에 물통은 결국 쓰레기통으로 향했고, 물 값 아끼는 일은 고작 3일차에 종지부를 찍었다. 다툼은 숙소까지 이어졌다. 항상 저렴한 도미토리에서 묵었기 때문에 둘 중 하나는 2층 침대를 써야 했고, 그때마다 레퍼토리는 똑같았다.

"내가 1층 쓸래."
"싫어. 내가 1층 쓸 거야. 이번엔 네가 2층 써."
"나 2층 못 쓴단 말이야."
"못 쓰는 게 어디 있어! 쓰다 보면 쓸 수 있는 거지."
"그럼 같이 1층 써."
"싫어! 가위바위보 해."

불통의 끝판왕 들이었다. 머리만 대면 잠을 잘 수 있으면서도 괜한 오기로 분이의 속을 뒤집어 놓고는 2층으로 올라갔다.

자주 다툰다는 사실을 인지하게 된 것은 동행한 이들의 이야기 덕분이었다. 프랑스 파리에서는 베르사유 궁전 여행을 동행했던 언니가 "너희들은 정말 신기해. 3분에 한 번씩 싸우는 것 같아. 그렇게 싸우기도 힘들겠다."라며 신기해했고, 그 이야기를 들은 우리는 "얘가 문제에요."라며 서로를 탓했다. 체코 프라하에서 시내 투어를 동행했던 오빠는 보통 이렇게 많이 싸우면 같이 안 다니는데, 계속 같이 다니는 게 신기하다고 했다.

어느 나라를 여행하든지 숙소로 돌아가는 길에는 언제나 맥주와 와인을 샀는데, 프랑스에서 와인의 맛에 매료된 나는 언제나 와인을 찾았고, 그때마다 그 나라에서 유명한 술을 마셔야 한다던 분이와 항상 마찰을 빚었다.

"독일은 맥주가 유명한데 무슨 와인이야!"
"나는 와인이 좋다고. 그럼 둘 다 사."
"그래. 아주 좋아!"

다르다는 것이 단점이기만 한 것만은 아니어서, 여행은 더욱 윤택하고 활기찼다. 미술학도인 친구는 박물관과 미술관 위주로 여행하기를 원했고, 건축학도인 나는 유명한 건축물을 보고 골목골목을 걸어 다니며 산책하기를 원하다 보니, 미술관과 박물관 그리고 골목 여행을 딱 반 씩 했다.

루브르 박물관 작품

스페인 바르셀로나 빠에야

혼자만의 여행이었다면 건축물을 보고 골목을 산책하느라, 세계에서 가장 유명한 박물관 근처까지 가서 유명하다는 미술 작품 하나 못 보고 돌아왔을 것이다. 친구와 함께한 덕분에 유명하다는 미술관과 박물관에 가서 근사한 작품들을 만날 수 있었다.

다르다는 강점은 식사 시간에도 빛을 발했다. 분이는 유럽에 언제 또 오겠냐며 점심 저녁으로 맛 집을 찾아다녀야 한다고 했고, 나는 그럴 돈이 없다며 이삼일에 한 번만 맛 집에 가자고 하다 보니, 하루 이틀에 한 번꼴로 맛 집에서 식사를 했다. 혼자였다면 저렴한 음식만 찾아다니는 궁상 여행을 다녔을지도 모른다.

다른 만큼 닮은 점도 많아서 사고도 2배였고 에피소드와 웃음이 넘쳤다. 내가 기차표를 잘못 예약해서 벌금을 내고 우울해하면, 옆에서 비웃던 친구도 알고 보니 기차표를 잘못 예약해서 더 큰 벌금을 냈고, 친구가 비행기 표에 이름을 잘못 써서 우울해 하면, 옆에서 비웃던 나도 알고 보니 이름을 잘못 써서 어느 순간 손을 떨며 벌금을 내고 있었다.

친구가 지갑을 잃어버린 지 하루도 지나지 않아 나는 머리핀이며 잡동사니를 잃어버렸고, 친구가 한 번에 100유로의 벌금을 내고 나면, 나는 연달아 벌금을 내서 100유로를 맞췄다. 분이가 아닌 다른 똑똑한 친구였다면 나는 멍청한 자신을 자책하며 여행 내내 우울해 했을 지도 모른다. 하지만 행여 내가 나의 멍청함에 좌절할까, 분이는 더 큰 실수로 나를 위로해 주었다. 나 또한 그녀에게 그런 친구였다.

여행 내내 참 많이 싸웠지만 오랜 우정에 금이 가는 일은 없었다. 여행을 통해 서로를 더 잘 알게 되었고 함께 할 이야기는 더욱 많아졌다. 이제는 술자리 안주가 학창시절 이야기가 아니라 유럽 이야기가 되었다.

"여행 가서 자다가 얼굴이 얼얼하면 친구를 의심해봐."
"나 때렸었냐? 어쩐지."
"그런 깡 없다니까?"
"너 6학년 때 나 때리려고 했었잖아. 멱살까지 잡아 놓고는."
"진짜 기억 안 나. 그리고 그랬다면 네가 분명 엄청 짜증나게 했었겠지."

내 기억에는 없는 10여 년 전 이야기를 아직 들먹이는 걸 봐서는 꽤 충격적인 사건이었나 보다.

Outro 알고 지낸 지 어느덧 19년.
싸운 횟수는 약 190번 정도.
그중 절반은 유럽여행에서.
많게는 하루에 19번, 불쾌지수 높은 이탈리아에서는 하루에 38번.
인생에 세 번의 기회가 온다고 하는데 초등학교 6학년 때 한 번의 기회를 놓친 것 같다. 19년 동안 한 번도 때리지 못하고, 앞으로도 그런 기회가 찾아올 일이 없을 것을 예상이라도 했더라면 16년 전 나는 그 기회를 잡았어야 했다. 서로 달라서 많은 경험을 하게 될 것이고, 서로 닮아서 많은 에피소드가 생길 것이다.
뭐든 괜찮아. 유럽 배낭여행이잖아.

04
• 자연이 만든 터키

✈ Prologue

터키에 가고 싶은 이유는 명확했다.

'살면서 한 번쯤은 넓고 깊은 바닷속을 들여다보고, 넓고 높은 하늘을 날아봐야 하지 않을까?'

'넓고 깊은 바닷속을 탐험한다면 그 나라는 호주가 되었으면 좋겠고, 넓고 높은 하늘을 날아본다면 그 하늘은 터키의 하늘이면 좋겠다.'

그러던 2015년 1월 어느 날. 중학교 동창 선민이가 터키 여행을 제안했고, 나는 바로 터키 행 비행기 표를 끊었다. 아직 6개월이나 남은 7월 초 여름휴가 비행기 표였다. 열심히 일하며 지내다 보니 어느덧 여행이 한 달 앞으로 성큼 다가왔고, 터키 여행은 어떻게 허락을 받아야 할지 고민을 하다가 아빠와 술 한 잔하며 아빠의 기분이 좋아진 사이를 틈타 물었다.

"나 여름휴가 때 터키 다녀와도 돼?"
"안 돼."
"왜 안 돼?"
"터키는 안 돼. 위험해."
"이스탄불만 다녀올게. 이스탄불은 관광지라서 괜찮을 거야. 그래도 안 돼?"
"응. 절대 안 돼. 3년 후에 가."
"그럼 프랑스 파리는?"
"파리는 괜찮아."
"(일단 다행이다) 그럼 그리스는?"
"그리스도 괜찮아. 그런데 터키는 안 돼."
"그래? 그럼 이번 여름휴가에 그리스 다녀올게."

그리스에 다녀오겠다는 (선의의) 거짓말로 터키 여행을 허락받았다. 그리고 3주 후, 그리스가 망했다는 뉴스가 연신 메인 기사에 오르락내리락 했다.

"그리스 망했다는데 괜찮은 거니? 괜히 테러 일어나는 건 아니겠지? 무조건 조심히 다녀와야 한다."

이미 허락한 여행을 무를 수 없는 아빠는 당부의 말을 아끼지 않았다. 그렇게 나는 그리스인 듯 그리스 아닌 그리스 같은 터키로 여행을 떠날 수 있었다.

직장인이 되면 더는 거짓말은 하지 않아도 될 줄 알았다. 하지만 착각이었다. 학생 때와 마찬가지로 죄책감 전혀 없는 거짓말쟁이가 되어 여행을 떠났다. 그리스인 듯 그리스 아닌 그리스 같은 터키 여행을 떠났기 때문에 최대한 그리스 같은 사진을 보내느라 음식 사진만 보냈고, 그런 내게 아빠는 "먹방하러 갔니?"라고 물으셨다. "역시 여행은 먹방이지."라고 대답한 불효녀. 여기 있습니다.

터키 카파도키아의 하늘

터키 여행에서 꼭 해보고 싶은 것

<이스탄불>

- 아야 소피아 박물관 가기(내겐 하기야 소피아 성당)
- 블루 모스크 가기
- 술탄 아흐멧 괴프테에서 식사
- 베벡 스타벅스에서 야경
- 이스티클랄 거리에서 쇼핑
- 갈라타교 고등어 케밥 들고 크루즈 타기

<카파도키아>

- 카파도키아의 석양 보기
- 항아리 케밥 먹기
- 숙소는 무조건 동굴 호텔
- 카파도키아의 하늘 날기 (열기구 투어)

<파묵칼레>

- 석회봉 가기
- 석회봉 위에 있는 유적 온천 가서 온천욕 하기

✈ 이스탄불 공항에서의 노숙

Intro 대학생 시절의 나는 얻어먹고, 얻어 자고, 얻어 타는, 저가 여행을 선호했다. 물론 돈도 없었지만 지금이 아니라면 다시 못 할 경험이라 생각했다. 텅 빈 주머니에 넉살과 오지랖만 채워 넣고 떠나는 여행. 일명 '청춘 여행'이라 쓰고 '빌어먹는 여행'이라 읽는 '염치없고 겁 없는 여행'

그 시절에는 아주 큰 착각을 했었다. 내가 대학을 졸업하고 사회인이 된다면, 차는 렌트하고 비행기는 직항 대한민국 국적기를 타고 수영장이 딸린 호텔에서 자는 근사한 커리어 우먼이 되어 있을 줄 알았다.

사회인이 된 나는 수년간 쌓아온 노하우를 바탕으로 대학 시절보다 더욱 저렴한 항공권을 찾기 위해 고군분투했고, 가격 대비 깔끔하고 위치가 좋은 숙소를 찾는 노력으로 총 비용 (비행기 표 포함) 120만 원의 저렴하고 알찬 6박 8일간의 터키 배낭여행을 다녀올 수 있었다. 덕분에 우리의 첫날밤은 공항 노숙으로 시작했다.

분명 베이징에서 한 번 경유하는 〈인천 – 베이징 – 이스탄불〉행 비행기를 예약했다. 그런데 예약할 때는 알지도 못했던 〈우루무치〉라는 곳에서 한 번 더 경유했다.

"우리 우루무치에서 한 번 더 경유한다던데?"
"우린 아냐. 2번 경유하는 비행기 표를 예약한 애들 이야기야."

여행 전 선민이가 〈중국 남방 항공〉에 대해 알아보며 귀띔을 해주었지만 나는 믿지 않았다. 우루무치에 도착할 때까지도 말이다.

"터키 한 번 가는데 무슨 비행기를 왕복 6번이나 타? 터키 내에서 이동하는 것까지 포함하면 8번이야."

첫 번째 비행은 인천 공항에서 베이징 공항으로 가는 짧은 비행이었지만 기내식이 나왔다. 한국인에게는 "잡채 or 피시?"라고 물어보더니, 외국인(서양인)에게는 "비프 or 피시?"라고 물어보길래, 왜 잡채를 비프라고 하나 봤더니 잡채 속에 고기가 찔끔 들어있었다.

이후 베이징 공항에서 우루무치 공항으로 가는 비행기에서도 기내식이 나왔고, 승무원이 내게 "치킨 or 비프?"라고 물어보길래 비프를 선택했더니 짜장면이 나왔다. 아까 서양인에게 잡채를 '비프'라 표현하던 것이 생각나 짜장면을 휘저어 보니 고기가 찔끔 들어있었다. 설명하기가 어려웠나 보다.

우루무치에서 이스탄불 공항으로 가는 비행에서도 기내식이 나왔고, 식사 후 한숨 자고 일어났더니 네 번째 식사라며 빵을 주는데, 계속 먹고 자고 먹고 자고 먹고 자는 내 모습이 사육당하는 소처럼 느껴져 빵만큼은 먹지 않았다. 두 번의 경유란 식사를 네 번이나 해야 하는 매우 배부른 비행이었다.

인천 – 베이징 기내식

우루무치 하늘

"난 비행기에서는 한숨도 못 자. 지금까지 단 한 번도 자본 적이 없어."

여행을 떠나기 전 비행기에서는 잠을 못 잔다고 걱정하던 나는 탑승과 동시에 잠이 들어 버렸다. 기내식을 먹는 시간을 빼고는 계속 잠만 잤다. 아무래도 사회생활이 숙면이라는 좋은 습관을 가져다준 게 아닌가 싶다.

잠이 든 나를 옆에 두고 심심해진 선민이는 중국 항공기에서는 비행기 탑승 모드도 용납되지 않는다는 사실을 모르고, 핸드폰을 비행기 탑승 모드로 바꾸어 놓고 사진을 구경하고 있었다.

"Power off!"

승무원이 핸드폰을 만지지 말라며 세 번의 주의를 주었고, 마지막 네 번째에는 선민이를 혼냈다. 승무원의 호통 소리에 잠에서 깨어 선민이를 바라보니 시무룩한 표정으로 '저 비행기 탑승 모드로 변경했어요'라는 애절한 눈빛을 승무원에게 보내고 있었다.

"No plane mode!"

승무원은 단호하게 또 선민이를 혼냈다.

"내 돈 주고 비행기 탔는데, 내가 왜 눈치를 봐야 하는 거야."

이 후 줄곧 잔뜩 기죽은 모습으로 승무원의 눈치만 보던 선민이는 억울해 하다가, 자신을 보고 잠깐 웃어준 승무원의 미소에 아이처럼 기뻐했다. 그 때 우리는 깨달았다. 여자들이 나쁜 남자에 빠지는 이유를.

터키 하늘

길고 긴 비행을 마치고 새벽 12시 30분이 되어서야 이스탄불 공항에 도착했다. 처음 여행을 계획할 때는 공항 픽업을 신청하려 했지만 이내 '공항 노숙'으로 계획을 바꾸었다.

"첫날에는 공항에서 노숙하기로 했어."
"솔이가 또 노숙하자고 했어?"

친구들에게 말하자 모두들 선민이를 걱정했다. 이번만큼은 정말 선민이가 노숙을 추천했는데 너무 억울했다. 선민이가 공항 노숙을 추천한 이유는 선민이의 친구 중에 겁 많고 걱정 많은 한 친구가 이스탄불 공항에서 노숙을 했기 때문이었다.

"겁 많고 걱정 많은 애가 어떻게 공항에서 노숙을 했대?"
"그 밤에 밖에 나가서 차 타고 숙소로 가는 것보다 공항이 안전해서 노숙을 했대."

전혀 생각하지 못했던 발상이라 놀랐고, 그 친구의 기발한 생각과 현명함에 손뼉을 쳤다. 그리고 우리도 현명한 대처법을 본받아 이스탄불에서의 첫날 밤, 첫차가 풀릴 때까지 노숙하기로 한 것이다. 새벽에 배회하는 것보다 공항이 안전하다는 이유로 선택한 노숙이었지만 공항 노숙은 꽤 할 만 했다. 아니, 어쩌면 아주 괜찮았다.

공항에서 노숙하는 사람들이 어찌나 많던지 많은 이들이 이미 한자리씩 차지하고 있었고, 그 외의 사람들은 카페에 앉아 여행 준비 및 업무를 보고 있었다. 우리도 카페에 앉아 미흡했던 여행 계획을 시작했다. 공항 픽업 비용과 숙박비도 아낄 수 있어 일거양득이었다.

와이파이를 이용하고 싶다면 스타벅스로 가자.

→ 공항에 있는 스타벅스에서 벤티 사이즈 아메리카노 하나를 주문하며 와이파이 패스워드를 물으니 비밀번호가 적힌 영수증을 뽑아 주었다. 그 무적의 종이만 있다면 노숙하는 내내 인터넷을 사용할 수 있다.
어떤 블로그에서 '스타벅스 와이파이는 2시간 동안 이용할 수 있어요'라는 글을 보았었는데, 2시간이 아니라 노숙하는 내내 이용할 수 있었다. 다만 벤티 사이즈의 아메리카노 가격이 저렴하지는 않았다.

이스탄불 공항 스타벅스

여행 계획을 다 세우고 나서도 시간이 남길래 유심 카드를 사러 나섰다. 터키 여행에서는 로밍을 하는 것보다 유심 카드를 사는 것이 좋으며, 유심 카드는 공항보다 시내가 저렴하다는 사실은 알고 있었지만, 심심하기도 하고 시간도 많이 남아서 공항 내의 통신사를 찾았다. 그런데 'sold out.' 결국 본의 아니게 시내에서 공항보다 13리라 저렴한 가격에 유심 카드를 샀다. 스타벅스 와이파이를 이용하며 다섯 시간을 보낸 후 첫차가 풀릴 때쯤 이스탄불 교통권을 구매하여 숙소가 있는 이스탄불 구시가지로 향했다.

이스탄불 카드

Outro "겁 많고 걱정 많은 애가 인도랑 몽골은 어떻게 다녀온 거래?"
"패키지로 가족여행 다녀온 거야."
"그럼 노숙은 어떻게 했대?"
"밤에 밖에 나가서 차를 타는 것보다 공항이 안전해서 노숙했대."
여행을 못 갈 이유는 어디에도 없다.

이스탄불 교통카드는 무조건 구매하자. (가격은 2015년 기준)
→ 이스탄불 교통권은 공항에서 구시가지 또는 신시가지로 이동하는 대중교통만 이용하더라도 이익이다.

- 두 명이든 세 명이든 한 개만 구매해도 된다. (환승도 된다)
- 지하철이나 트램을 타기 위해서는 제톤(1회 교통칩)을 사야 하는데, 제톤은 하나에 4리라이며 환승 개념이 없다. 하지만 이스탄불 카드(보증금 7리라의 선불 교통 카드)를 이용하면 1회 승차비 2.15리라에, 첫 회 승차 후 2시간 이내에 환승하면 1.45리라로 할인된다.

예 친구와 나 두 명이 공항에서 술탄아흐멧(구시가지)로 향한다면

< 제톤 >
지하철 : 공항- 제이틴부르누역
→ 1인 4리라 (2인 8리라)
트램 : 제이틴 부르누역 - 구시가지 or 신시가지
→ 1인 4리라 (2인 8리라)
총 16리라

< 이스탄불 카드 >
지하철 : 공항- 제이틴부르누역
→ 1인 2.15리라 (2인 4.3리라)
트램 : 제이틴 부르누역 - 구시가지 or 신시가지
→ 1인 1.45리라 (2인 2.9리라)
7.2리라 + 7리라(교통카드)
= 총 14.2리라

이익이므로 무조건 사야 한다.

✈ 이스탄불에 입성하다

Intro 꿈에 그리던 이스탄불에서의 첫날 계획은 이랬다.

〈하고 싶은 것〉
- 아야 소피아 박물관
- 블루 모스크
- 술탄 아흐멧 쾨프테에서 식사
- 베벡 스타벅스에서 야경

〈세부 일정〉
- 블루 모스크 (08:30~12:30, 무료)
- 히포드롬 (무료)
- 술탄 아흐메트 영묘 (09:30~16:30, 무료)
- 술탄 아흐메트 공원
- 점심식사 술탄 아흐멧 쾨프테
- 아야 소피아 박물관 (09:00~17:00, 30TL)
- 지하궁전 (09:00~18:30, 20TL)
- 톱카프 궁전 (09:00~18:45, 30TL, 하렘은 별도 15TL)
- 저녁식사
- 베벡 스타벅스 야경
- 구시가지 야경

술탄 아흐메트 공원에서 바라보는 아야소피아 박물관과 블루 모스크가 그렇게 아름답다고 하니 꼭 볼 거다. 언제나 여행 첫날의 계획이 여행 전 일정을 통틀어 가장 타이트하다.

공항 노숙 후 술탄 아흐메트에 도착하니 오전 7시가 조금 넘은 시간이었다. 일단 긴 시간 동안 축적된 초췌함을 씻어 내고 싶어 예약한 숙소로 향했다.

숙소는 블루 모스크와 아야 소피아 박물관에서 도보로 5분 거리여서 찾는데 어려움은 없었다. 어렵지 않게 숙소에 도착하여 당당하게 예약자 이름을 말하는데 예약자 명단에 내 이름이 없었다.

"그럴 리가 없어요. 다시 한 번 확인해 봐 주세요!"

예약할 때 주고받았던 메시지를 확인하는 순간 깨달았다. '역시 내 실수구나. 내가 전날 밤으로 예약했구나.'

다행히 방이 많았던 덕분에 추가 요금 없이 체크인을 하고, 예약한 사람이 없어서 4인실 도미토리를 둘이서 사용할 수 있었다. 다만, 기존에 예약했던 체크인 시간보다 이른 시간에 체크인을 할 수는 없었는데, 체크인 시간까지 기다리기에는 시간도 아깝고 온몸이 가려워 오는 느낌이었다. 2번의 비행기 환승과 하룻밤 공항 노숙으로 인해 초췌해질 대로 초췌해진 나는 작은 손거울도 보고 싶지 않았고, 이런 모습으로 이스탄불에서의 첫 여행을 시작하고 싶지 않았다. 1인당 5리라를 추가로 지불하면 얼리(early) 체크인이 가능하다고 하여, 덕분에 깔끔하게 씻고 나와 상쾌한 기분으로 이스탄불 여행을 시작할 수 있었다.

"5리라를 더 지불하면 조식을 먹을 수 있는데 먹을래요?"
"아뇨, 우리는 맛있는 터키 음식을 사 먹을 거에요."

숙소 직원의 제안을 거절하고 아침 식사를 할 수 있는 식당을 찾기 시작했다. 하지만 오전 8시도 안 된 이른 시간이라 문을 연 식당은 거의 없었다. 첫 끼니는 맛있는 터키 음식을 먹자던 우리는 문을 연 딱 한 군데 식당으로 가서 피자와 콜라를 주문했다.

"터키까지 와서 왜 피자와 콜라를 먹어야 하는 걸까?"

식당에 앉아 피자와 콜라를 먹는데, 식당 앞 광장에 테오도시우스 오벨리스크가 웅장하게 서 있었다. 인간이 만든 거대한 조각품이자 거대한 돌이 없었더라면 만들 수 없었을 테니 어쩌면 자연이 준 선물인 오벨리스크. 테오도시우스 오벨리스크는 파라오 투트모스 3세가 룩소르의 카르나크 신전의 제7탑문 앞에 세운 것으로 테오도시우스 1세가 4세기에 이스탄불 히포드롬 광장으로 옮긴 것이다.

"선민아 저기 봐봐. 저걸 오벨리스크라고 하는데 이집트 왕조에서 만든 거야. 게다가 돌들은 붙여서 만든 게 아니라 하나의 돌을 깎아서 만든 거야. 엄청나지? 예전에 이탈리아 여행을 하면서 오벨리스크를 엄청 많이 봤거든.
근데 그게 거의 다 이집트에서 강탈해온 거야. 즉 오벨리스크가 많다는 것은 과거에 힘이 강한 나라였다는 것을 뜻해. 힘이 강하니까 강탈할 수 있었던 거지. 그리고 저기에 그려진 그림은 이집트의 상형문자인데 기원전에 만들어졌다고 하기에는 무척이나 정교하지? 나도 오벨리스크를 볼 때마다 고대에 저걸 어떻게 만들었을까 싶어."

아는 정보들을 짜깁기해서 전달해 주자 선민이는 도리어 내게 물었다.

"하나의 돌을 깎아서 만들었는데 어떻게 세웠지? 그러려면 거중기가 필요했을 텐데. 정약용한테 배운 거 아냐?"

"글쎄, 정약용은 조선 시대인데...."

전혀 생각하지 못 했던 질문에 당황스럽고 말리는 기분이 들었다.

식사 후에는 술탄 아흐메트 1세 사원인 블루 모스크로 향했다. 터키 이스탄불에 온 가장 큰 이유는 하기야 소피아 성당(아야 소피아 박물관) 때문이었기 때문에, 블루 모스크에는 큰 관심이 없었다.

테오도시우스 오벨리스크

그러다 블루 모스크를 두 눈으로 보는 순간 그 화려함에 감탄을 잇지 못했다. 물론 내부의 정교함과 구조의 아름다움은 블루 모스크가 하기야 소피아 성당을 따라갈 수 없었지만, 외부의 미적인 아름다움은 블루 모스크도 지지 않는 듯했다. 반바지를 입어 노출된 다리를 가릴 천을 받기 위해 기다리면서 블루 모스크에 대한 설명을 해 주었다.

"여기는 블루 모스크라는 곳이야. 일반적으로 이슬람 사원에는 첨탑이 4개인데, 블루 모스크는 6개의 첨탑을 가지고 있어. 그 이유는 아흐메트 1세가 황금(알튼)으로 만들라고 한 것을 건축가가 6개(알트)로 잘못 알아들었기 때문이래."

블루 모스크의 외부가 화려하고 아름답게 지어진 이유는 하기야 소피아 성당보다 더 멋진 건물을 짓고 싶었던 술탄 아흐메트 1세의 지시 때문은 아니었을까 싶다.

블루 모스크 정문

블루 모스크

블루 모스크 천장

블루 모스크에서 나와 이스탄불 여행에서의 가장 큰 목적이었던 아야 소피아 박물관으로 향했다. 학창시절 서양 건축사를 공부하며 하기야 소피아 성당이라고 배웠지, 역사적인 이유로 아야 소피아 박물관이 되었다는 사실은 몰랐기 때문에, 아야 소피아 박물관이란 단어가 매우 생소하고 입에 붙지 않았다.

아야 소피아 박물관은 지금까지의 그 어떤 성당에서도 본 적 없는 독특한 형태의 성당이었다. 중앙에 지름 33m 높이 55m의 거대한 대형 돔을 세우기 위해 남북 방향으로 거대한 4개의 지주를 설치하고, 동서 방향으로는 반원형의 돔을 세움으로써 광대한 공간을 만들어 냈다.

광대한 공간의 정중앙에 서 있으니 돔 아래에 설치된 40개의 창문을 통해 들어오는 빛이 자아내는 환상적인 분위기에 취했고, 그제야 '내가 동로마의 수도였던 콘스탄티노플(이스탄불)의 하기야 소피아 성당에 와있구나'라는 사실을 실감하며 심장이 뛰기 시작했다.

아야 소피아 박물관

창을 통해 빛을 받아들이는 실내

"이스탄불은 옛 로마 제국의 수도였고, 하기야 소피아 성당은 그 시절에 지은 성당으로 현존하는 성당 중 가장 오래된 성당이야."

"로마? 여기는 로마가 아니잖아."

"응. 로마는 동로마와 서로마로 나뉘었었는데 이스탄불은 동로마의 수도였어. 그러다가 동로마가 오스만제국에 망하게 되면서 성당이 이슬람 사원으로 바뀌게 되었고, 이슬람 사원으로 바뀌면서 성당에 그려져 있던 모자이크 위에 회칠을 덧대고 성당 밖에는 이슬람의 상징인 첨탑을 세워놓은 거지.

그러다가 박물관으로 지정되면서 지금은 회칠을 벗기는 작업을 하는 거야. 회칠을 한 건 아주 다행인 것 같아. 아주 떼어냈으면 어쩔 뻔했어."

벽화의 덧붙은 회칠을 벗기는 작업

 아야 소피아 박물관의 오픈 시간은 9시로, 오픈 시간에 맞춰 가면 약간의 대기시간 (5분도 안 걸림) 후 입장할 수 있다.

→ 8시 30분에 블루 모스크에 먼저 들렸다가 아야 소피아 박물관으로 가는 게 좋다. 블루 모스크는 외부가 더욱 아름답기 때문에 오픈 전에 많이 보고 8시 30분에 입장한 후, 9시에는 내부가 더욱 아름다운 아야 소피아 박물관으로 향하면 좋다.

빛의 향연이 펼쳐지던 아야 소피아 박물관에서 나와 예레바탄 지하 궁전으로 향했다.

"나도 여긴 잘 몰라. 근데 '꽃보다 누나' 보니까 생활용수를 저장하는 곳이었대. 그리고 여기에 336개의 기둥이 있는데 전부 다 다른 신전에서 가져온 거라 기둥이 모두 다르게 생겼대."
"어? 336개의 기둥이 다 다른 신전에서 가져온 거라고 했는데, 왜 다 똑같이 생겼어?"

나의 설명을 듣고 입장한 선민이는 반문했다. 실제로 보니 모두 다 다르게 생긴 것은 아니었으나 대부분 다르게 생긴 것은 확실했다.

"아, 비슷하게 생기긴 했는데 다른 거야. 기둥에는 코린트라던가 도리아라던가 여러 개의 건축 양식이 있어. 그건 저기 기둥 위에 모양들을 보면 알 수 있는데 화려한 것도 있고 밋밋한 것도 있지? 기둥의 주두를 보면 다른 신전에서 가져왔다는 사실을 알 수 있어."

이름만 들어서는 공주가 살았던 곳 같지만 알고 보니 생활용수를 저장했던 장소인 지하 궁전은 이름과는 달리 무척이나 무서운 공간이었다. 캄캄한 어둠 속을 붉은 불빛에 의존해서 걸을 때까지만 해도 무섭지 않으나, 메두사 모양의 기둥을 보는 순간 두려움이 엄습해 왔다. 얼굴이 거꾸로 처박힌 메두사 기둥을 보는 순간 놀라 뒷걸음을 쳤는데, 여기 더 무서운 게 있다며 선민이가 가리킨 곳에는 얼굴이 옆으로 처박힌 메두사가 나를 응시하고 있었다.

서로 다른 기둥의 주두

예레바탄 지하궁전

이름과는 다르게 무서웠던 지하 궁전에서 나와, 여행 예능 프로그램인 꽃보다 누나에서 누나들이 식사 후 극찬했다는 술탄 아흐멧 쾨프테로 향했다.

"드디어 터키에 와서 터키 음식을 먹는구나."

누나들이 맛있다던 음식을 주문한 후 기쁜 마음으로 식사를 시작했다. 아침에 피자를 먹고 아무것도 먹지 못한 상황이라 감사한 마음으로 맛있게 먹기는 했으나 음식이 약간 짰다. 술탄 아흐멧 쾨프테에서 먹었던 음식뿐만 아니라 이스탄불의 음식 대부분이 짭조름했다.

"소주가 생각나는 맛이다."

짭조름한 고기를 한 점 먹으면서 선민이와 눈빛을 교환했다.

술탄 아흐멧 쾨프테

식사를 했으니 후식으로 커피를 마시기 위해 트램을 타고 세계에서 가장 아름다운 스타벅스라는 베벡 스타벅스로 향했다. 도대체 얼마나 아름다우면 세계에서 가장 아름다운 스타벅스라고 하는지 궁금했고, 이스탄불까지 왔는데 그렇게 유명하다는 베벡 스타벅스에서 아이스 아메리카노 한 잔 마셔보고 싶었다.

아이스 아메리카노 한 잔씩 사 들고 자리에 앉으려 했으나, 수많은 인파로 자리 잡기도 어려웠고 특히 보스포루스 해협이 보이는 창가 자리를 잡기란 하늘의 별 따기였다. 도대체 왜 세계에서 가장 아름다운 스타벅스라고 하는지 의심이 들 만큼 건물은 아주 평범했고, 유명한 만큼 사람이 많아 앉을 자리가 없었다.

"여기가 왜 유명한 걸까?"
"저 큰 창을 액자라고 생각하면, 큰 액자 안에서 움직이는 보스포루스 해협을 바라보며 마시는 커피 한 잔의 여유 때문이 아닐까?"

선민이의 질문에 대답은 그럴싸하게 했지만, 카페 안은 매우 수선스러웠고 전혀 여유롭지 않았다. 우리는 스타벅스에서 나와 아이스 아메리카노를 마시며 보스포루스 해협을 걸었다.

세계에서 가장 아름다운 스타벅스라는 베벡 스타벅스

보스포루스 해협을 바라보며 마시는 커피 한 잔

"스타벅스 옆에도 커피숍이 있네. 그냥 저기서 마시는 게 더 좋았을 뻔 했다."
"그러게 말야. 어차피 보스포루스 해협을 보면서 커피를 마시러 온 거니까 저기로 가는 게 더 좋았을 것 같아."

새벽 첫차를 타고 이스탄불로 들어와 부지런히 돌아다니다 보니 구시가지부터 신시가지까지 다 돌아보았는데도 날이 아직도 밝았다. 이참에 4월에 하지 못했던 서로의 생일파티를 하자며 숙소 근처에서 와인 한 병을 사 들고 일찍 숙소로 들어왔다. 4인실 방을 두 명이 쓴다는 사실에 안심하면서 서로의 생일과 이스탄불에서의 첫날을 축하하며 와인 가득한 플라스틱 잔을 부딪쳤다.

이런저런 이야기를 하며 마시다 보니, 금세 한 병을 다 비웠고 조금 모자란 느낌이 들었다.

와인 한 병을 더 사러 숙소를 나왔는데, 숙소 밖은 '혹시 다음 날 아침인가?' 싶을 만큼 너무 밝았다. 분명 이스탄불의 야경을 바라보며 가로등 불 아래를 걸어갈 거라 예상했었는데 생각보다 너무나 밝은 모습에 놀라 시계를 봤다.

"이스탄불 이상해. 혹시 시간이 천천히 가는 동네 아니야?"

조촐한 생일파티

> **Outro** 이스탄불에서의 시간은 참으로 천천히 흐른다.
> 다음 주가 오지 않을 것 같은 지금이 참 좋다.
> 바쁘게 움직이는 여행객들 사이로 와인을 사러 가며 생각했다.
> 지금의 설렘이 익숙함으로 변할 때 익숙함을 지겨움으로 착각하지 않도록 조심하고,
> 지금의 행복이 익숙하게 느껴질 때 행복에 대한 감사함을 잊어버리지 않도록 조심하자.
>
> - 이스탄불에서의 일기 중에서

✈ 석양이 지는 카파도키아를 만나다

> **Intro** 이스탄불에서 카파도키아로 가는 방법은 비행기와 야간 버스가 있다. 야간 버스로 이동해도 괜찮았지만, '그래도 돈을 버는 직장인인데 사서 고생하지 말고 비행기를 타고 가야지.'라며 비행기 표를 예약했다.
> 그렇게 직장인이라는 허세를 부려놓고는 가장 저렴한 비행기 표를 예약했다. 일단 가장 저렴한 비행기 표를 예약하고 보니, 접근성이 좋은 아타튀르크 공항 출발이 아닌 사비하 괵첸 공항 출발이었다.
> 최초의 여성 전투기 조종사인 사비하 괵첸의 이름을 딴 이 공항은 이름조차 너무 생소해 가는 방법을 찾아보니 정보가 많지 않다. 근심 걱정의 깊이가 점점 깊어지기 시작했다.

카파도키아로 가는 비행기를 타기 위해 이스탄불 구시가지에서 사비하 괵첸 공항으로 가는 방법을 찾아보며 근심이 점점 깊어졌다. '조금 더 싼 비행기 표를 사려다가 개고생을 하는 구나' 후회했다.

사비하 괵첸 공항

1. 터키 이스탄불은 교통 체증이 심각한 도시이며, 사비하 괵첸 공항은 교통 체증과 거리가 먼 대중교통(트램 또는 지하철)으로는 갈 수 없다.
   (아타튀르크 공항은 트램으로 갈 수 있다.)
2. 사비하 괵첸 공항에 가기 위해서는 공항버스나 사설 버스를 이용해야 한다.
3. 사비하 괵첸 공항으로 가는 길은 교통 체증이 심각하기 때문에 일찍 출발해야 한다. 다만, 교통 체증의 정도는 복불복이다.
4. 구시가지에서 출발하는 공항버스는 없으므로, 공항버스를 이용하기 위해서는 무조건 탁심 광장(신시가지)까지 가야 한다.
5. 탁심 광장에서 사비하 괵첸 공항으로의 공항버스 가격은 아타튀르크행 공항버스 가격보다 비싸다.
6. 구시가지에서 출발하고 싶다면 사설 공항버스를 이용해야 하는데, 그 값은 공항버스보다 더 비싸다.

사설 버스 가격이 부담되어 수많은 단점을 감수하며 공항버스를 이용하기 위해 탁심 광장으로 향했다. 트램을 타고 탁심 광장에 도착했으나, 공항버스 정류장이 보이지 않는다.

"하바타쉬(공항버스 회사) 정류장이 어디인가요?"

지나가는 터키 언니에게 물으니, 친절한 그녀는 하바타쉬 정류장까지 데려다주었다. '세상에나 이 언니 왜 이렇게 친절해? 역시 터키는 형제의 나라인가 봐. 내가 한국인인 줄은 어떻게 알았지?'라며 따라가 보니 언니의 직장이 하바타쉬였다.

탁심 광장에서는 하바타쉬 버스 정류장이 보이지 않는다.
→ 하바타쉬 버스 정류장은 골목으로 들어가야 보이므로, 터키 시민에게 물어봐서 찾아가는 것이 편하다.

최악의 선택을 후회하며 버스에 올랐는데 버스가 출발하자마자 나의 후회는 말끔하게 사라졌다. 탁심 광장은 높은 지형에 있기 때문에, 탁심 광장에서 사비하 괵첸 공항으로 향하는 길에 본 이스탄불의 전경은 무척이나 아름다웠다. 특히 보스포루스 대교에서 바라본 이스탄불의 전경은 이스탄불 최고의 절경이었다. 사진으로는 표현할 수 없을 만큼 아름다운 비경을 보며, 최악의 선택이라 생각했던 것이 최고의 선택이었음을 깨달았다.

사회생활을 하며 크게 깨달은 것이 있다면, '최고의 선택이 최악의 결과를 가져올 수도 있고, 최악의 선택이 최고의 결과를 가져올 수도 있다.'라는 사실이다. 최악이라 생각했던 팀에 배정이 되어 좌절했다가도 겪어보니 최고의 팀워크를 자랑할 수도 있고, 최악의 선택이라 생각했던 비행기 표가 세상에서 가장 아름다운 비경을 선물할 수도 있다. 여행이든 회사든 인생이든 절대 생각한 대로 흘러가지 않는다. 때문에 방심해서도 안 되지만 낙담할 필요도 없다. 최악이라고 생각했던 상황이 언제 어떻게 최고로 바뀔지는 모를 일이다.

보스포루스 대교를 건너며

비행기를 타고 카파도키아 공항에 도착하니 공항 바로 앞에 괴르메로 향하는 공항버스가 꽤 많이 서 있었다. 카파도키아 공항에서 숙소인 괴르메까지 택시를 타고 가면 120리라지만, 공항버스를 타고 가면 1인당 15리라였다. 게다가 공항버스도 숙소 이름을 말하면 숙소까지 데려다주기 때문에 택시보다는 공항버스가 절대적으로 이득이다.

 카파도키아 공항에서 숙소까지는 공항버스를 이용하자.
→ 공항버스도 숙소까지 데려다주므로, 택시와 다를 바가 없다.
다만, 절대 fifty와 fifteen을 혼동해서는 안 된다.
"두 명이 100리라면 그냥 120리라짜리 택시를 타자."라던 한국인도 봤다.

숙소에 도착하여 다음날로 계획한 열기구 투어의 가격을 알아보니 80유로 ~200유로까지 다양했다. 가격 차이는 열기구 업체와 열기구를 조종하는 조종사의 실력 차이라며, 80유로짜리 업체의 조종사는 경력이 짧은 조종사이고 열기구의 크기도 작으니 110유로 이상의 열기구를 추천했다.

옛날에 몇 번 사고가 났지만 요즘은 안 났다는 가장 저렴한 80유로짜리를 예약하겠다고 하니, 한국말을 기막히게 잘 하는 터키 직원이 우리에게 명언을 날렸다.

"왜 위험한 걸 해? 여행 온 거잖아. 건강하게 돌아가야지."
"그럼 열기구는 110유로짜리로 할 게. 그리고 그린투어나 레드투어 중 하나를 하고 싶은데 뭐가 좋아?"

그의 사이다 같은 명언에 이끌려 덜 위험한 것 중 가장 싼 열기구를 택하고, 여행상품을 알아보니 그린투어나 레드투어 보다는 조금 더 비싸지만 훨씬 더 재미있다는 지프투어를 추천했다. 그는 우리가 지프투어와 열기구 투어를 예약하면 40리라짜리 로즈밸리투어를 무료로 해 준다고 제안했다.

레드 투어와 그린 투어란?

<레드 투어>
주로 붉은 바위산들을 둘러보는 투어로 아바노스나 우치히사르, 데브렌트 계곡 등 다양한 관광 명소를 둘러보게 된다.
코스 : 우치히사르 - 괴레메 박물관 - 차부쉰 - 괴레메 - 파샤바으 - 아바노스 - 데블렌트 - 위르귑

<그린 투어>
주로 소록색 경관을 둘러보는 투어로 먼 곳에 떨어져 있는 카파도키아의 필수 관광지를 거의 다 둘러보기 때문에 인기가 좋다.
코스 : 괴레메 파노라마-데린쿠유-벨리스르마-야프락히사르-셀리메-피죤벨리

"우리도 지프 투어를 하고 싶은데 유로가 부족해."
"그럼 방값을 10% 더 할인해줄게. 지프 투어가 진짜 재미있어서 추천하는 거야."

방값 할인이라는 말에 돈을 모아보니 그래도 유로가 부족했다.

"그래도 모자라. 조금만 더 깎아줘."
"얼마나 모자란 데? 알았어. 5리라 깎아줄게."

결국 방값을 더 깎고는 지프 투어와 열기구 투어 그리고 하루 숙박료를 지불했다.

카파도키아 숙박비 + 투어 비용

1. 동굴 호텔(사실은 펜션) : 43유로 (50유로였으나 10% 할인 & 5리라 할인)
2. 열기구 투어 : 1인 110유로
3. 지프 투어 : 1인 40유로 (약 140TL)
4. 로즈벨리 투어 : 무료

카파도키아 괴르메

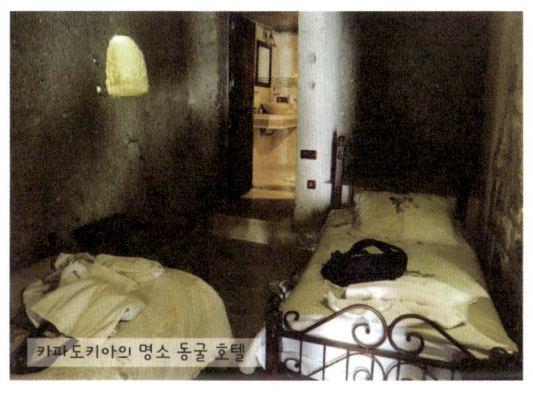

카파도키아의 명소 동굴 호텔

　로즈벨리 투어는 카파도키아의 노을을 보기 위한 투어로 저녁 7시 출발이었고, 로즈벨리 투어를 하기 전까지는 저녁 식사를 할 만큼 시간이 충분했다. 일단 저녁 식사를 하기 위해, 카파도키아에 간다면 꼭 먹겠다고 다짐했던 항아리 케밥 집으로 향했다.
　종업원이 항아리 케밥을 식탁 위에 놓고는 항아리를 칼로 톡 치니, 밥이 들어있는 그릇과 뚜껑이 두 개로 분리되었다. 두 개로 분리된 항아리 속의 케밥은 터키에서 먹었던 어떤 음식보다도 가장 맛있었다.

항아리 케밥을 칼로 톡

항아리 케밥

로즈벨리 투어에서 만난 카파도키아

환상적인 항아리 케밥으로 배를 채운 뒤 7시부터 시작하는 로즈벨리 투어에 참여했다. 가이드로부터 로즈벨리 투어는 카파도키아의 하루가 저물 때 일몰을 보는 투어라는 설명을 듣고는 선 셋 포인트를 향해 출발했다. 가는 내내 해가 너무 쨍쨍해서 '과연 저무는 해를 볼 수 있을까?' 했던 걱정이 무색하게 해가 질 때까지 걷고 또 걸었다. 걷는 것도 지치는데 가이드는 계속해서 영어로 설명했다. 중국인과 일본인뿐만 아니라 다른 한국인 여행객들까지 모두 다 알아듣는 표정으로 고개를 끄덕이는 와중에 못 알아듣는 이는 나와 선민이 뿐이었다.

"솔아 왜 우리만 영어를 못하지?"
"몰라. 일단 고개를 끄덕이자. 창피하니까."

속상한 마음에 좌절할 때쯤, 저 멀리서 어둠 속의 한 줄기 빛과 같은 소리가 들려왔다.

"과거에 물이 흐르는 중이라서."
"이렇게 가파른 곳에서는~ 다리(사람 다리를 칭함)를 빨리 내려와서."

어디에서 배웠는지 몰라도 한국어를 잘못 배운 터키인 가이드였다. 과거형과 현재 진행형을 제멋대로 섞어 쓰고, 끝은 무조건 "서"로 끝내던 그의 매력에 빠진 우리는 우리 가이드를 버리고 그를 따라나섰다.

"혹시 우리 사라졌다고 가이드가 우리를 찾고 있으면 어떡하지?"

한국어를 잘못 배운 터키인 가이드를 졸졸 따라가다가 우리 가이드가 걱정이 되어 빠르게 복귀했으나, 가이드는 우리가 사라졌었다는 사실조차 몰랐다.

"왜 이렇게 많이 걸어?"
"뭘 보겠다고 이렇게 멀리까지 가는 거야?"
"그냥 여기서 노을 지는 거 보면 안 돼? 그냥 여기서 봐도 될 것 같은데 뭘 더 가?"

쉴 새 없이 투덜거리던 우리는 선 셋 포인트에 올라 카파도키아의 석양을 바라보는 순간 말문이 막혔다. 노을 지는 카파도키아의 전경은 수다쟁이 둘의 입을 묶어버릴 만큼 아름다운 절경이었다.

해 질 무렵의 카파도키아

선셋 포인트 점프 샷

황홀한 카파도키아의 석양을 넋을 놓고 바라보고 있는데, 가이드가 "여기 서서 뛰어봐. 사진 찍어줄게"라며 사진을 찍어줬다. 해가 사라지기 전 사진을 찍어야 하므로 찰나의 순간을 카메라에 담는 고도의 집중력이 필요했는데 가이드는 대단한 포토그래퍼가 분명했다. 석양이 지는 카파도키아를 배경으로 사진을 찍으니 대단한 절경 속의 나의 모습이 조금도 어색하지 않았다. 가슴속에 평생 간직하고 싶을 만큼 아름다운 비경이었다.

> **Outro** 대한민국 방방곡곡을 누비던 학창시절. 나의 국내 여행 파트너였던 명아 언니와 대한민국 방방곡곡을 카메라에 담았고, 그때마다 언니는 내가 찍어준 사진을 확인하지 않았다. "왜 언니는 사진을 확인하지 않아?"하고 묻자, 언니는 "확인하면 화가 날까 봐."라고 했다.
>
> 방학마다 함께 여행을 다니며 사진 따위로 싸우고 싶지 않았던 그녀의 현명한 대처법이었다. 발사진 전문가인 내가 찍은 사진조차 터키 카파도키아에서 찍은 것은 하나같이 그림이었다. 사각 프레임 안에 다 담기지 않는 카파도키아의 석양은 가슴속 깊이 담아 두었다.

카파도키아의 하늘을 날고, 땅위를 달리다

> **Intro** 막연한 꿈이었던 터키 카파도키아의 하늘 날아보기. 막상 터키 카파도키아의 하늘을 날아보니 하늘을 나는 것보다 더 중요한 것이 있다는 것을 깨달았다. 카파도키아에서 열기구를 타는 이유는 그저 하늘을 날아보기 위한 것이 아니었다. 세상에서 찾아보기 힘든 카파도키아의 지형을, 땅에서 바라본다면 다 볼 수 없을 그 신기한 광경을 하늘에 올라 제대로 체험하기 위한 것이었다.
> 터키 여행에서 최고의 하루를 꼽으라면 카파도키아에서의 하루일 것이다. 카파도키아의 하늘을 마음껏 날아보고 카파도키아의 지형을 헤집고 달렸던 날.

"나만 믿어. 나 아침잠 없는 거 알잖아. 내가 깨워줄게."

열기구 투어를 예약할 때 내일 오전 4시 15분까지 꼭 나와야 한다고 신신당부를 들었는데, 밖에서 "마담!"이라 소리치는 소리에 일어나 보니 4시 20분이었다. 깨워주겠다며 자신 있게 이야기했던 것이 부끄러워지는 순간이었다. 혹시 우리를 두고 출발할까 봐 허겁지겁 옷만 대충 주어 입고는 버스에 올랐다. 열기구에서만큼은 예쁜 얼굴로 사진을 찍고 싶었는데 '본 모습 그대로 나오겠구나!' 생각하니 한숨부터 나왔다.

열기구를 타기 전, 열기구 업체에서 나눠주는 빵과 따뜻한 커피 한 잔을 마시며 새벽의 찬 공기에 얼어붙은 손을 녹였다. 열기구에 바람이 채워지기 시작하자 하나둘씩 열기구에 탑승했다. 우리는 가장 늦게 그리고 가장 끝에 탑승했다.

 아침 식사대용으로 빵과 커피를 나눠 준다. 그리고 너무 춥다.
→ 아침밥을 준다고 해서 잔뜩 기대했는데 그냥 빵과 커피뿐이었다. 하지만 빵과 커피를 무척이나 좋아하는 나에게는 아주 만족스러운 아침식사. 다만 늦잠으로 옷을 대충 챙겨 입고 나온 탓에, 너무 추워서 나도 모르게 커피를 석 잔이나 마셨다.

카파도키아에서 열기구 투어를 할 때는 가장 나중에, 그리고 가장 끝에 타자.
→ 가운데 탑승하면 무엇을 하든지 제약되는 것들이 많다. 가장 나중에 그리고 가장 끝에 탑승하는 것이 좋다.

열기구들이 하나둘씩 하늘을 향해 올라가기 시작했다. 열기구에서 바라본 카파도키아의 지형은 지금까지 본 적 없는 모습으로, 그 형상이 무척이나 특이해서 그 신비로운 모습에 눈을 뗄 수 없었다. 독특한 지형 위를 누비는 서로 다른 크기와 색상의 열기구들은 상승과 하강을 반복해가며 카파도키아의 하늘을 거리낌 없이 누볐고, 각양각색의 열기구가 흩뿌려진 듯 펼쳐진 모습은 카파도키아에서만 볼 수 있는 신비로운 절경이었다.

'돈 벌길 잘했네. 내가 이거 보러 터키 오려고 돈을 벌었나 보다.'라던 감동도 잠깐. 삼십 분쯤 날다 보니, 아까 거기가 여기 같고 지금 여기가 아까 거기 같은 느낌이 들기 시작했다. 처음 20분 동안은 감동이 벅차올라 계속 사진을 찍었으나, 나중에는 카메라를 주머니에 넣고 그림 같은 풍경을 눈에 담았다. 열기구 사진과 나의 사진, 그리고 친구의 사진까지 100장 넘게 찍었지만, 그 100장이 다 비슷한 느낌. 어디서 많이 본, 아까 찍었던, 아까 그 느낌.

두 시간 가량의 열기구 투어에서 선민이와 내가 지루하지 않았던 이유는 아름다운 카파도키아의 풍경 때문도 있지만 아름다운 커플 때문이었다. 그 둘의 모습이 어찌나 예쁘고 좋아 보이던지, 카파도키아의 지형보다 그들의 모습을 카메라에 더 많이 담았다. 카파도키아의 하늘을 거리낌 없이 날고 있는데, 갑자기 센 바람이 불어 열기구가 휘청했다. 휘청하는 열기구 속에서 친구와 나는 스스로를 챙기기 바빴으나, 사랑스러운 커플은 달랐다. 위험한 순간이 찾아오자 잘생긴 남자친구는 예쁜 여자친구를 꼭 안아 보호했다. 그들의 모습이 어찌나 부럽던지 나도 모르게 그에게 손을 내밀 뻔했다.

카파도키아의 하늘을 날다

카파도키아의 하늘

두 시간 가량 터키 카파도키아의 하늘을 누빈 후, 열기구들이 하나둘씩 내려오기 시작했다.

열기구 투어가 끝나면 샴페인 파티를 한다는 사실을 알고 있던 선민이와 나는, 여행 전부터 샴페인 파티를 기대하고 있었다.

"하늘을 날고 내려오면 샴페인을 준대."
"우와! 그거 열 잔 마셔도 되는 거야?"
"글쎄? 취해도 되는 거야?"

기대가 큰 만큼 실망도 컸다. 무알콜이었다.

열기구에서 내려와 열기구 위에서 찍었던 사진들은 찬찬히 훑어보니, 셀카를 찍는 척하면서 몰래 오빠를 찍었던 사진이 가득했다.

"너 누구를 찍는 거야!"

열기구를 찍는 척하면서, 또 셀카를 찍는 척하면서 오빠를 찍는 나를 보며 선민이가 물었다. 그러나 나를 한심하게 바라보던 선민이도 이내 내 옆으로 다가와 몰래 오빠와의 사진을 남겼다.

기대했던 샴페인 파티

카파도키아를 와인 잔에 담다

몰래 찍었는데 딱 걸렸네요

"우리 조식 못 먹으니까 숙박비 깎아달라고 하자."

아침 일찍 출발하는 열기구 투어에 참여하느라 숙박비에 포함된 조식을 먹을 수 없다는 생각에 선민이는 기가 막힌 생각을 해냈다. 그러나 오전 4시에 시작된 열기구 투어는 조식시간 전인 7시에 끝났고, 간사한 우리는 조식을 못 먹으니 숙박비를 깎아 달라고 생떼를 부리지 않았다는 사실에 안도했다.

조식을 먹고 잠깐 눈을 붙인 후 오전 10시에 시작하는 지프 투어에 참여했다. 로즈밸리 투어를 무료로 해준다고 해서 신청했던 지프 투어는 카파도키아를 '터키에서 가장 좋았던 도시'로 기억하게 했다.
'지프 투어를 하게 되면 무조건 맨 앞에 타세요.'라는 인터넷 정보 덕분에 맨 앞에 서서, 시원한 바람을 맞으며 울퉁불퉁 굽이진 길을 신나게 달렸다.

 지프 투어는 무조건 맨 앞에 타야 한다.
→ 맨 앞에 타야 멋진 풍경을 막힘없는 시야로 볼 수 있다.

카파도키아의 길은 구불구불한 흙길이기 때문에 아스팔트로 잘 정돈된 길을 달릴 때와는 다른 느낌이다. 마치 할머니가 계시는 시골길을 달리는 기분. 지프 투어는 그린 투어와 비슷한 코스지만, 대형 관광버스로 다니며 유적지를 둘러보는 그린 투어와 달리 창문이 없는 지프를 타고 유적지를 향해 달리기 때문에 자동차의 속도만큼 거세진 바람을 온몸으로 느낄 수 있다.

그린투어가 패키지 투어라면 지프 투어는 자유여행인 셈이다. 지프 투어라고 해서 지프 티셔츠를 입고는 가이드에게 자랑을 했더니, 신이 나서 나와 선민이를 이리저리 데리고 다녔다. 다들 지프에서 내려서 각자 보고 싶은 풍경을 눈에 담는데, 우리는 신이 난 가이드를 따라다니며 숨어있는 카파도키아의 유적지를 보기 위해 오르고 또 오르고 또 올라야 했다. 다리가 까지고 팔이 까졌다고 하소연을 해도 가이드가 신이 났기 때문에 소용없었다.

"야 허솔! 지프티셔츠 벗어!"

카파도키아의 골목

지프 투어

Outro 태국 여행의 아유타야 투어에서도 비슷한 경험을 했다.

아유타야 1에 도착. "이게 다야? 이래서 투어는 신청하면 안 돼."
아유타야 2에 도착. "또 있었네, 미안 오해했네."
아유타야 3에 도착. "역시 투어는 참 알차. 투어하길 잘 했어."

끝나지 않는 아유타야 투어.
아유타야 4에 도착 "이제 끝날 때도 된 것 같은데."
아유타야 5에 도착 "더 남아 있는 건 아니겠지?"
아유타야 6에 도착 "그만하고 싶어요."

일곱 번째의 아유타야에 도착할 때쯤에는 "제발 우리를 집에 데려다주세요."라며 울먹거렸다.
점심을 먹고 여덟 번째 아유타야를 보러 갔을 때는 실신할 뻔했다.

지프투어를 하며 과거 아유타야의 기분을 느꼈다.
끝날 듯 끝나지 않는 지프투어.
하지만 정말 시원하고 자유롭고 행복했다.
카파도키아를 온몸으로 느끼고 싶다면 꼭 지프투어를 하자.

✈ 야간버스를 타고 파묵칼레에 가다

Intro "작년에는 민지와 태국에 다녀왔고, 올해는 선민이와 터키에 다녀올 테니, 내년에는 너야 아름아."라고 하니, 아름이는 난색을 표하며 거절했다.

난색의 원인은 2011년 여름으로 거슬러 올라간다. 그때 아름이와 나는 단둘이 춘천 마임 축제에 놀러 갔고 축제를 신나게 즐기다 보니 밤이 되었다. 다들 그 자리에서 텐트를 치고 자길래 우린 여기서 자자며 잔디밭에다 돗자리를 깔았다. 그러자 아름이는 소스라치게 놀랐고, 그날 이후로 아름이는 나와 둘이 하는 여행에 난색을 표한다. 이 때문인지는 모르겠으나 친구들 사이에서 나와의 여행은 고되고 힘들다는 편견이 생겼고 나는 몹시 억울하다.

강철 같았던 체력은 '유리'를 지나 '쿠크다스'가 된지 오래이며, 새벽 3시까지 술을 마시고 다녔던 베네치아 여행을 통해 피곤한 몸을 이끌고 다니면 여행의 재미가 반감된다는 것을 배웠기 때문에, 고되고 피곤한 여행을 하지 않는 편이다. 게다가 대학시절 보다는 경제적으로 나아졌기 때문에 그때보다는 덜 고생하는 여행을 택하고 있다.

(내가 왜 변명을 하고 있는지는 모르겠으나) 그래서 터키에서는 도시와 도시 간의 교통수단으로 비행기를 택했다. 물론 나와의 여행은 힘들고 고되다는 편견을 깨고 싶었던 마음도 있었지만, 비행기나 버스 같은 교통수단에서는 잠을 잘 자지 못하기 때문에 야간 버스로 이동하면 다음날 여행에 지장이 있을 것 같았다. 하지만, "그래도 터키에 왔는데 한 번 정도는 야간 버스를 타봐야 하지 않겠어?"라며 카파도키아에서 파묵칼레로 이동할 때에는 야간버스를 계획했다.

카파도키아에서 파묵칼레로 향하는 버스표는 버스 출발 3시간 전에 샀다. 한국어에 능통한 숙소 직원에게 버스 출발 시각이 언제냐고 물으니, 표가 없으면 어쩌려고 예약을 안했냐며 그 자리에서 버스 회사에 전화를 했다.

그는 버스표가 매진되는 날도 있는데 뭘 믿고 당일에 예약을 하느냐고 핀잔을 날리며 그나마 남아 있는 맨 뒷좌석 두 자리를 예약해주었다. 그에게 물어보지 않고 인터넷 정보만 믿고 버스 출발 시각에 맞춰 표를 사러 갔더라면 파묵칼레로 가는 야간 버스는 놓쳤을 것이다.

 야간 버스표를 굳이 한국에서 예약하고 갈 필요는 없으나, 하루 전에 사 놓는 것이 좋다.
→ 당일 여행이라면 최소한 출발 3~4시간 전에는 사놓자.

밥도 안 먹고 10시간 동안 버스에 있을 생각을 하니 벌써부터 허기가 져서, 근처 슈퍼에 들러 터키 라면과 보라색 콜라를 샀다. 왠지 보라색 콜라에서는 포도 맛이 날 것 같아서 샀는데, 그냥 콜라였다.

"이거 왜 보라색이에요? 한국에는 보라색 콜라가 없거든요."
"여자들이 먹는 콜라에요."
"아, 터키는 콜라도 남자 콜라, 여자 콜라 나눠요?"
"보라색이랑 분홍색을 여자들이 좋아하잖아요."

숙소 직원의 대답에 어이가 없고 웃겨서 그를 바라보니, 그의 눈에 장난기가 없다. 그의 말은 진심이었다.

여자 콜라와 라면

"난 버스에서 잘 못 자. 저번에 야간버스 타고 진해갈 때 한숨도 못 잤거든. 정말 죽는 줄 알았어."

라면을 다 먹고 버스 터미널로 향하며 장시간 이동에 대한 걱정을 늘어놓았다. 10시간 넘게 이동하는 야간버스에서 뜬눈으로 지새우면 어쩌나 걱정하며 버스 맨 뒷좌석에 앉았고, 버스 출발과 동시에 우리는 잠이 들었다. 그리고 11시간 동안 단 한 번도 깨지 않았다. 아니 깨지 못했다. 우리가 일어난 것은 버스 출발 11시간 후 버스의 종점인 데니즐리에 도착한 후였다.

"10시간 동안 버스를 타면 배가 고플 텐데 어떡하지? 간식이라도 좀 사둘까?"
"버스에서는 절대 잠 못 자는데, 밤새고 다음날 여행은 잘 할 수 있을까?"
"중간에 빵 비슷한 걸 준다던데 그건 꼭 먹자!"

걱정하거나 다짐할 필요는 없었다. 일어나지 못할 거였으니까. 옆에 앉은 이들의 대화에 따르면 중간에 화장실에 들리기 위해 다섯 번 정도 정차를 했다던데, 우리는 화장실도 필요 없었다.

"훔친 거 아니야. 원래 우리 거였는데, 우리가 자느라 못 먹은 거니까 그래서 가지고 나온 거야!"

파묵칼레로 향하는 야간버스 과자

11시간 숙면 후 파묵칼레로 가는 버스로 갈아타기 위해 과자 몇 개를 집어 들고 버스에서 내리며, 괜히 다들 들으라는 듯 큰 소리로 이야기했다.

주린 배를 부여잡고 잽싸게 과자를 한 입 베어 물자 입안에 달달함이 맴돌았다. 옛말 틀린 게 없다. 시장이 반찬이다.

카파도키아 공항에서 탄 공항버스는 숙소까지 데려다주었지만, 파묵칼레의 야간버스는 그냥 터미널에 내려줬다. 야간 버스에서 내리자마자 터미널 앞의 여행사에 들어가 오즈베이 호텔(숙소)에 가는 방법을 물으니, 자기 친구네라며 연락해 주겠다고 했다. 호텔 사장님을 기다리던 중, 다음 날 새벽에 비행기를 타러 공항에 가야 하는 것이 생각났다.

"우리 내일 아침 7시까지 데니즐리 공항에 가야 하는데, 공항 픽업은 어떻게 신청해?"
"한 명당 30리라."
"30리라 너무 비싸. 깎아줘."
"지금 사면 25리라인데, 나갔다가 들어오면 30리라야. 어떻게 할래?"

협상의 달인인 그의 전략에 넘어간 우리는 1인당 25리라짜리 버스표를 샀다. 오즈 베이 호텔에 도착해서 숙박비를 내며 괜히 한 번 더 물어보았다.

"내일 아침 7시까지 공항에 가려면, 공항 픽업 얼마에요?"
"30리라."

사기를 당하지 않았다는 사실에 괜히 뿌듯했다.

"아 그리고 우리 내일 아침 7시까지 공항에 가야 해서 조식을 먹을 수 없는데, 내일 먹을 조식을 오늘 당겨먹을게요."

짐도 풀지 않고 식당으로 갔다. 여행 전, 새벽 이동이 많아서 조식을 못 먹으니까 숙박비 깎아달라고 하자던 우려와는 다르게 항상 조식을 챙겨 먹었다. 새벽 이동 후 아침에 도착하면 항상 다음날 조식을 미리 당겨먹었다.

터키에서의 조식은 언제나 빵과 계란 그리고 치즈였지만 빵을 무척이나 사랑하는 내게는 더할 나위 없이 좋은 조식이었다. 피곤할 것 같았던 야간버스는 생각보다 많이 안락했고, 못 먹을 줄 알았던 조식을 먹게 되어 세상 뿌듯했다.

"야간 버스 별거 아닌데?"

조식

> **Outro** 1. 야간버스를 타고 이동하는 것은 그리 어렵거나 피곤하지 않다. 비행기 표가 저렴하다고 해도 공항으로 가는 교통비와 공항까지 가는 시간, 대기 시간 등을 감안하면 야간버스가 더 좋을 수 있다(다만 버스에서 꿀 잠 잘 수 있다는 가정 하에).
> 2. 새벽에 공항에 가야 한다면 픽업을 신청하면 된다. 30리라가 평균이고 좀 깎으면 25리라에 해준다.
> 3. 새벽에 공항에 가야 한다면 조식은 당겨먹는 게 좋다. 특히 터키의 아침은 빵이 푸짐해서 더 좋다.

✈ 파묵칼레에서 남자가 되다

> **Intro** "파묵칼레가 왜 좋았어?"
> "자연이 만들어낸 아름다운 지형에 반했어."
>
> 내게 카파도키아가 터키 최고의 도시였다면 친구는 파묵칼레가 터키 최고의 도시라 했다.
>
> 카파도키아와 파묵칼레 모두 자연이 만들어낸 하나의 작품이지만, 작품을 빚어낸 방법과 재료가 달랐기 때문에 두 도시의 매력 또한 달랐다.
>
> 지금까지 대부분의 여행지에서는 인간이 만들어낸 대단한 〈건물〉 또는 〈유적지〉를 봐 왔다면, 터키에서는 자연이 만들어낸 〈작품〉을 보았다.

터키 여행을 하며 한 가지 사실을 깨달았다. 게스트 하우스건 호스텔이건 들어갈 때는 가방을 들어주지만 나올 때는 안 들어준다. 그러나 파묵칼레 숙소는 달랐다. 처음부터 끝까지 일관되게 가방을 들어주지 않았다.

조식 후 숙소 직원을 따라 캐리어를 끌고 지하 1층으로 내려갔다. '여기가 우리 숙소인가' 하면, 한 바퀴 삥 돌더니 지하 2층으로 우릴 안내했다. '이제 우리 숙소인가' 하면, 터널 같은 길을 지나더니 지하 3층으로 우릴 안내했다. 우리의 방인 여성 도미토리는 지하 3층에 있었는데 심지어 지하 3층에는 방이 달랑 하나였다.

"내려오는 건 괜찮은데, 올라가는 건 어떡하지?"
"심지어 엘리베이터도 없어."
"도미토리라서 그런가 봐."

지하 3층에 달랑 하나 있는 방을 여성 숙소로 사용한다는 것은 외부의 모든 위험을 막으려는 건가? 심지어 층별로 계단도 이어져 있지 않아서, 백화점을 구경하듯 온갖 방을 구경하며 뺑 둘러 내려와야 하는데, 이 또한 외부인이 절대 접근하지 못하게 하려는 건가?

"저렴한 도미토리라서 그런 건 아닐 거야. 외부로부터의 위험을 차단하려는 걸 거야."

숙소에 짐을 놓고 파묵칼레 최고 관광지인 석회봉으로 향했다. '성스러운 도시'라는 뜻의 히에라폴리스라 불리던 파묵칼레는 과거 로마의 황제나 귀족들이 휴양을 위해 자주 찾던 곳으로 그 기이한 모습이 장관을 이룬다. 뭉게구름 위를 걷는 듯한 새하얀 석회층은 터키의 파묵칼레가 아니면 볼 수 없는 장관이며, 파묵칼레의 온천수는 심장병, 고혈압, 신경성 장애에 효과가 있다 하여 효과를 직통으로 받기 위해 신발을 벗고 뭉게구름 위를 걸었다.

부드러운 뭉게구름 같은 석회층은 생각보다 많이 단단했다. 단단한 뭉게구름 위에 서서 파묵칼레에서 꼭 찍고 싶은 사진이 있다며 선민이에게 부탁했다.

"내가 발차기를 할 게, 네가 뛰는 거야!"

지나가던 행인 네 명에게 부탁했지만 네 번 다 실패했다. 생각했던 그림이 나오지 않아 계획을 바꾸었다.

"네가 발차기를 해봐 내가 뛰어볼게."

다섯 번째가 되어서야 만족스러운 작품을 얻었고, 뿌듯한 마음으로 맥주를 마시러 히에라폴리스로 향했다.

파묵칼레의 석회봉

파묵칼레

그렇게 뛰는 거 아니다

에페스 맥주

무더운 여름 뜨거운 터키의 햇살을 피해 시원한 그늘 아래에서 10리라짜리 에페스 맥주 한 잔을 마시고는 히에라폴리스로 향했다. 기원전 2세기경 페르가몬 왕국에 의해 처음 세워져 로마 시대를 거치며 오랫동안 번성한 도시 히에라폴리스. 기원전 130년에 이곳을 정복한 로마인은 이 도시를 성스러운 도시라는 뜻의 히에라폴리스라 불렀지만 지금은 터만 남아있다.

"사람들이 많이 안 가는 곳을 가보는 것도 좋아. 그들이 모르는 새로운 것들을 발견할 수 있거든."

관광객들로 붐비는 원형 경기장을 지나 계속 걸으며 남과 다른 여행의 특별함에 대해 떠들었다. 약 5분 정도 지났을까? 둘 다 '굳이 아무도 모르는 걸 왜 우리가 발견해야 하는가?'라는 의문이 들었다.

"우리 조금 더 올라갔다가 내려갈까? 아니면 지금 내려갈까?"
"지금 유턴하자."

원형 극장

고고학 박물관

　선민이는 1초의 망설임도 없이 대답했다. 남들 안 가는 길에서 유턴해 로마 대욕장 터를 복원해서 만든 고고학 박물관으로 향했다. 히에라폴리스와 아프로디시아스 등에서 출토된 유물들이 전시되어 있다고 하여 5리라를 내고 들어가서는 볼 게 너무 없어 투덜거리며 나왔는데, 아무리 봐도 방이 하나만 있다고 하기에는 건물 자체가 너무 컸다. 그래서 다시 들어가 보니 여러 개의 방으로 이루어져 있었다. "방이 하나밖에 없는데 5리라나 받냐?"라며 투덜대던 우리는 두 번째 방을 거쳐 세 번째 방에서 나온 후에는, "방이 너무 많은 거 아니야?"라고 말을 바꿨다.

　석회봉과 히에라폴리스를 구경한 뒤, 친구들에게 선물할 팔찌를 사러 상점으로 향했다. 경쾌하게 걷는 우리의 귓가에 "Free Free"라고 외치는 목소리가 들려 소리가 나는 곳을 바라보니, 아이스크림을 판매하는 아저씨가 싱그럽게 웃고 계셨다.
　공짜라는 말에 신이 난 순진한 우리는 피스타치오 맛을 골랐고, 그때부터 시작된 아저씨의 손재간. 재미없으면 절대 호응을 안 해주던 선민이도 공짜로 준다는 이야기에 가히 방청객 수준의 호응을 보여주었다. 종을 치면 신나하고 줬다 뺏는 손재간을 부리면 아쉬워했다가 기뻐하는 등의 열정적인 호응으로 손재간 아저씨의 기분을 고조시켜 주었다. 선민이의 부단한 노력으로 공짜 아이스크림을 받자마자 깨달았다.

'공짜로 주는 아이스크림은 맛만 보고 사 먹으라는 뜻으로 소량만 주는구나!'

우리는 공짜 아이스크림만 먹고 재간둥이 곁을 떠났다. 상점에서 액세서리를 사고 나오니, 이번에는 건너편의 아이스크림 아저씨가 "Free Free"를 외쳤다. 한 번 경험해본 우리는 일단 레몬 맛을 고른 뒤, 좀 전보다 더 큰 호응을 했다. '이제 종을 치겠구나.' '이쯤 되면 줬다가 빼앗겠구나.' 정도는 다 예상이 되면서도, 처음 보았다는 듯 열심히 호응했다. 그리고 공짜 아이스크림만 받아먹고는 또다시 유유히 사라졌다.

터키 공짜 아이스크림

공짜 아이스크림을 애피타이저 삼아 먹고 인터넷상에서 파묵칼레 맛 집으로 유명한 무스타파 할아버지네로 향했다. 석회봉에서는 선민이가 좋아하는 맥주를 마셨으니 식당에서는 내가 좋아하는 와인을 시켰다. 원래 와인은 와인 잔의 봉긋한 부분까지 따라 주는 것이 와인 예절인데, 무스타파 할아버지네에서는 정이 넘치게 가득 따라주었다.

식사를 하고 나오니 해가 뉘엿뉘엿 저물고 있었고, 식당 옆의 아이스크림 가게의 아저씨가 "1리라"를 외쳤다.

"선민아 1리라래! 사 먹을까?"

"응? 저거 공짜 아냐?"
"아 맞다 공짜였지. 크크."

가슴이 뭉클할 만큼 아름답다는 석회봉에서 바라보는 파묵칼레의 석양을 보기 위해 아까 내려왔던 석회봉을 다시 찾았다.

"우리 아까 표 샀었어! 아까 들어갔다 나왔고, 지금은 야경을 보려고 다시 왔어."
"안 돼! 나갔다가 다시 들어올 수는 없어."
"한 번만."
"안 돼. 표는 오직 한 번뿐이야."

단호박이었다. 사랑하는 사람에게나 들을 법한 Only one이라는 단어를 터키 여성에게 듣다니. 아직도 그녀의 "Only one"이라는 단호한 말투가 잊히지 않는다. 결국 우리는 나른 (무료) 선셋 포인트를 찾기 위해 파묵칼레를 헤집고 다녔다. 만나는 터키 시민마다 선셋 포인트를 물어보았지만, 하나같이 고개를 절레절레 흔들 뿐 명쾌한 대답을 해주는 이가 없었다.

석회봉 파노라마

"Sunset Point라는 단어가 맞기는 한 걸까? 왜 못 알아듣지?"
"몰라. 카파도키아에서는 그렇게 불렀잖아."

아무도 알려주는 이가 없었지만 열심히 거닐다 석회봉 근처의 아름다운 호수를 만났다. '이렇게 아름다운 곳이 있었구나!' 감탄하며 이곳이 어디인지 생각해 보니, 아까 석회봉에서 내려다보며 감탄했던 곳이었다.

호수 앞 의자에 앉아 노래도 듣고 이야기도 하고 동전도 던지며 시간을 보내고 있는데, 예쁜 네 자매가 옆 의자에 앉아 소곤소곤 이야기하고 있었다. 네 자매의 모습이 참으로 예뻐 보여서 말을 걸었으나 그녀들은 영어를 할 줄 몰랐다.

아름다운 호수

'그럼 어떠하리, 우리에겐 현대사회의 걸작인 구글 번역기가 있는데'라며 구글 번역기로 터키어를 한국어로 번역해 보았으나, 번역기의 능력이 생각보다 떨어져서 번역에 실패했다. 결국, 단어와 단어를 섞어가며 이야기를 하다가 서로에게 묵직한 답답함만 남겼고, 헤어지면서 SNS 주소를 물어보는 어여쁜 17세 첫째에게 SNS 주소를 건네주었다.

"그런데 우리는 외국까지 와서 연락처 주고받는 사람이 왜 여자인 거야? 터키 남자들이 한국 여자를 그렇게 좋아한다며!"
"솔아 그 이야기 못 들었어? 이탈리아에 가면 이탈리아 남자 10명 중 9명이 대시한대. 근데 만약 나한테 대시를 안 하잖아? 그건 내가 남자인 거래."
"우리 이야기야? 나 이탈리아 갔을 때도 이랬는데?"

그렇게 우리는 남자가 되었다.

예쁜 네 자매와 헤어진 후, 호수 앞 바에 앉아서 지는 석양을 바라보며 맥주를 마셨다. 해가 지고 밤이 되자 호수 앞 바는 누워서 음악을 즐길 수 있는 장소로 변해 있었다. 아름다운 파묵칼레의 밤하늘 아래에서 기분 좋은 라이브 재즈를 들으며 에페스 맥주 한 잔 치어스. 이보다 더 완벽한 밤은 없었다.

석회봉에서 내려다본 호수

Outro 돈을 알차게 쓰는 방법 중 하나는 경험을 사는 것이라고 한다. 물건은 시간이 지나면 낡고 식상해지지만 경험은 시간이 지날수록 가치가 커진다. 고생스러웠던 과거마저 시간이 지나면 아름다운 추억으로 각색된다. 지금까지 항상 고생 넘치는 여행을 하고 매번 실수투성이였지만, 지금은 충분히 아름다운 추억으로 각색되어 술 마실 때 항상 등장하는 안줏거리가 되었다. 그래서 나는 더 많은 경험을 하고 싶다.

학교도 다녀보고, 사고도 쳐보고, 말썽도 부려보고, 아르바이트도 해보고, 돈도 모아보고, 투자도 해보고, 회사도 다녀보고, 사랑도 해보고, 이별도 해보고, 장학금 받아서 부모님께 드려보는 등 남들 다 하는 경험도 좋았고, 여행 다니면서 모르는 사람 집에서도 자보고, 처음 만난 외국인이랑 친해져서 참석한 파티도 좋았다. 물론 항상 조심해야겠지만 여행도 경험이다. 여행에서 로맨스가 생긴다면 더욱 좋은 경험이 되지 않을까 싶다.

꿈은 이루어진다.

✈ 이스탄불에서 3만보 걷기

> **Intro** 이스탄불에서의 자유의 날.
> 자유의 날은 함께 여행하느라 즐기지 못했던 것들을 즐기고 자신만의 시간을 가져보자는 취지로 나의 여행에는 언제나 자유의 날이 있다. 내 멋대로 여행하는 날이기에 이스탄불의 골목골목을 걸어보고 싶었다. 만약 그 계획이 이루어진다면 내 다리는 아작 난다는 사실을 꿈에도 모른 채.

"선민아 왜 버스가 안 올까?"

파묵칼레에서 이스탄불로 가는 오전 7시 50분 비행기를 타기 위해, 새벽 5시 30분에 숙소 로 데리러 오는 사설 픽업 버스를 예약해 두었었다. 하지만 5시 30분이 지났지만 오지 않는 버스. 30리라짜리 버스표를 5리라 깎은 25리라에 샀다는 사실이 나를 더욱 불안하게 만들었다. '5리라 깎은 게 문제인 건 아닌가?'하는 생각에, 버스표를 판매했던 여행사에 계속 전화를 했지만 전화를 받지 않았다.

'25리라짜리 버스표를 날린 건가?'
'이 버스를 못 타면 공항에 못 가는데!'
'공항에 못 가면 비행기를 못 타는 게 아닌가?'
'비행기를 못 타면 이스탄불에 못 가는데!'

전전긍긍 발만 동동 구르다 오픈을 준비하던 숙소 사장님께 여쭤보니, 원래 좀 늦는단다. '혹시 터키에서도 코리안 타임이 적용되는 건가요?'라고 여쭤보고 싶었으나 언어의 장벽에 막혀 여쭤보지 못했다.

다행히 10분 정도 지난 후 사설 버스가 도착했고, 우리는 무사히 공항에 도착할 수 있었다. 공항에 도착하자 의심의 눈초리로 선민이가 내게 물었다.

"솔아, 비행기 표 잘 예매한 거 맞아?"
"왜 그래 무섭게, 나 혹시 잘못 예매했어?"
"한 번 다시 봐봐."

갑자기 전쟁이 난 듯 흔들리는 동공에 힘을 바짝 주고 다시 확인해 보았으나 실수는 없었다.

"안 틀렸잖아!"
"너 왜 나랑 여행할 때만 실수 안 해?"

즐거웠던 여행을 곱씹어 생각해 보면 단순히 그 나라에 볼거리가 많았기 때문만은 아니었다. 누구와 함께 어떤 경험을 했는지, 어떤 추억을 쌓았는지가, 여행에서의 행복을 좌우했다. 때문에, 사건 사고가 넘치는 여행은 여행 내내 심장이 롤러코스터를 타지만, 그만큼 기억에 남고 많은 추억을 만들어 준다. 선민이가 원했던 것은 그런 여행이었다.

비행기 예약할 때 이름을 잘못 쓰고 기차표는 다른 날로 예약하고, 숙소는 하루 더 잡거나 하루 덜 잡거나 제멋대로 예약하고, 심지어 세계 각국에 나의 물건을 놓고 와서 발생되는 인련의 사건 사고와 추억들. 하지만 이제 꽤나 꼼꼼해졌는지 더는 그런 실수를 하지 않았고 선민이는 이내 아쉬워했다.

이스탄불 공항에 도착하자마자 오늘 밤 묵을 숙소를 찾기 시작했다. 숙소를 선택하는 기준에 있어 가장 중요한 사항은 위치였다.

안녕! 이스탄불!

   1. 밤에 클럽에 가야 하니까 클럽 근처로
   2. 클럽은 신시가지 쪽에 있으니 신시가지로
   3. 클럽에서 택시 타고 올 수 있는 거리로
   4. 가격은 최대한 저렴한 곳으로
   5. 조식이 포함된 곳으로

  그래서 결정한 곳이 픈득클르 트램 역 근처에 있는 '스트레이 캣 호스텔'(Stray cat hostel)이었다(조식 포함 14유로).

  호스텔 이름에 '캣'(cat)이 있는 이유를 호스텔에 도착하고 나서야 알았다. 여기가 사람 호스텔인지 고양이 집인지 모를 만큼 고양이 세상. 고양이를 무릎에 앉히고 호스텔 곳곳을 찬찬히 둘러보니 벽에는 호스텔을 이용했던 여행자들이 남기고 간 엽서들로 빼곡했다. 그러나 벽에 가득한 편지 중에 한글로 쓴 편지는 단 하나도 없었다. 게다가 숙소를 이용하던 여행객 중에도 한국인은 나

217

호스텔의 개냥이

와 선민이 뿐이었다. 여기는 한국인들이 자주 오는 호스텔이 아닌가 보다고 이야기하던 중 예쁜 소녀가 우리 옆에 앉았다.

"어디에서 왔어요?"
"프랑스요."
"우와! 저 2012년에 프랑스 갔었어요. 파리 정말 좋아해요. 아 참 나는 한국인이에요."
"저도 2012년에 한국에서 살았었어요."
"여행이 아니라 살았었다고요? 그럼 여기는 얼마나 있었어요?"
"한 달? 다음에는 호주로 갈 거예요."

이스탄불 숙소에서 스텝으로 일하던 스물세 살의 어린 소녀는 여행지에서 아르바이트하며 세계 여행을 하고 있었다. 세계 여행을 하는 방법은 인생을 살아가는 방법만큼이나 다양하다는 것을 나보다 어린 소녀에게서 배웠다.

숙소에 짐을 풀고 시원하게 샤워도 하고 새 옷으로 갈아입고 깔끔한 모습으로 자유의 날을 맞이했다. 자유의 날이 취지는 좋았지만, 선민이와 나는 유심 칩을 하나만 사서 테더링을 통해 데이터를 공유하던 중이라 둘이 떨어지면 한 명은 인터넷을 사용하지 못하는 상황이었다. 그리고 하필 그 인터넷을 사용하지 못하는 쪽이 나였다. 8일 동안 한 사람당 2GB의 데이터를 사용할 리 없다는 생각에 유심 칩은 하나만 구매하고, 마음씨 좋은 누군가가 테더링을 잡아 사용하기로 했었다. 그리고 하필 마음씨 좋은 누군가가 나였다.

"선민아 나는 괜찮으니까 네 폰에 유심 넣어. 내가 테더링 잡아서 사용할게."

한 번쯤 착해 보이고 싶어서 했던 익숙지 않던 친절이 여행 내내 큰 후회를 불러 일으켰다. 핸드폰은 잠깐만이라도 친구와 떨어져 있다가 오면 테더링이 꺼지기 일쑤였고, 그때마다 선민이에게 미안하지만 테더링 좀 다시 켜달라며 굽신굽신해야 했다. 내가 뭐 하나라도 잘못하면 선민이는 "너 테더링 안 켜준다."라며 협박을 했다. 유심 칩을 살 때 절반의 금액을 지불했음에도 불구하고, 나는 갑과 을로 따지면 소위 말하는 을이 되어 있었다. 이후 선민이가 내게 물었다.

"괜찮다는 말은 함부로 하는 거야? 아니야?"
"아니야...."

친한 친구 사이라 해도 괜찮다는 말은 함부로 하는 게 아니며, 유심 칩은 함부로 양보하는 게 아니라는 사실을 터키에서 깨달았다.

둘이 여행하더라도 굳이 두 개의 유심 칩이 필요한 것은 아니다.
→ 테더링이라는 좋은 기능이 있으니 잘 활용하면 금액을 절약할 수 있다. 다만 누구의 핸드폰에 유심 칩을 넣느냐는 아주 중요하다.

자유의 날의 시작은 베야즛 역의 그랜드 바자르에서 시작했다. 그랜드 바자르는 15세기 비잔틴 시대의 마구간 자리에 만들어진 작은 시장에서 시작되어, 증축과 개축을 거듭하며 5000개가 넘는 상점으로 응집된 이스탄불 최대 규모의 시장이 되었다. 워낙 상점이 많아 미로처럼 길 찾기가 어렵고, 입구가 20군데가 넘기 때문에 베야즛 역에서 내려 베야즛 문으로 이동하는 것이 가장 쉽다.

　그랜드 바자르에서 나의 관심은 오로지 터키쉬 딜라이트였다. 주로 진한 터키식 커피에 곁들여 먹는 터키쉬 딜라이트는 옥수수 전분과 설탕을 주재료로 하고, 그 안에 초코잼인 뉴텔라나 헤이즐넛, 피스타치오 등으로 맛을 더한 터키식 당과이다. 한참 해외 과자에 빠져있을 때 터키쉬 딜라이트를 맛본 후, 터키에 가면 터키쉬 딜라이트를 왕창 먹겠다며 별렸고, 그랜드 바자르를 걸으며 보이는 터키쉬 딜라이트 가게마다 들어가서 질릴 때까지 먹었다. 단맛이 강렬한 터키쉬 딜라이트를 먹으니 시원한 아이스 아메리카노가 간절해졌다.

　'이래서 터키식 커피에 곁들여 먹는구나.'

　그랜드 바자르에서 나와 트램 길을 따라 걷다 보니 벌써 점심때가 되었고, 마침 눈앞에 있던 블루 모스크 앞의 케밥 가게에 들어가 치킨 케밥 하나를 샀다. 세계 어느 나라를 가도 절대 실패하지 않는 음식이 있다면 그것은 치킨인 듯하다.

세상 그 어떤 음식도 치킨만 들어가면 다 맛있고 그중에서도 치킨 케밥이 최고다.

터키쉬 딜라이트

치킨 케밥

치킨 케밥을 들고 따사로운 햇살을 맞으며 궐하네 공원으로 향했다. 그랜드 바자르에서 궐하네 공원까지 걸어 왔을 때쯤에는 이미 많이 걸었다는 사실을 알아챘어야 했다. 톱카프 궁전을 감싸고 있는 이스탄불에서 가장 오래된 공원인 궐하네 공원은 관광객뿐만 아니라, 현지인들에게도 휴식처가 되어주는 공원이었다.

궐하네 공원 산책 후, 구시가지와 신시가지를 이어주는 갈라타 교 앞 예니자미 역 근처에서 많은 사람들이 줄 서서 터키쉬 딜라이트를 구매하는 모습에, 나도 모르게 함께 줄을 서고 있었다. 부모님께 드리려고 샀는데 큼지막하게 터키라는 글자가 적힌 상자를 보니 망설여졌다. '터키 여행을 반대하셔서 그리스로 여행을 떠났는데 터키라는 글자가 적힌 선물을 사 가면 의심받지 않을까?' '에라 모르겠다. 상자는 버리고 그냥 입에 넣어 드리지 뭐'라는 생각에 이집션 바자르로 발길을 돌렸다. 그랜드 바자르에 비해 서민적인 느낌이 강한 이집션 바자르에 들러 회사 동료들과 친구들에게 줄 터키 커피를 산 후 갈라타 탑으로 향했다.

골든혼을 바라보기에 안성맞춤인 갈라타 교를 지나 갈라타 탑이 있는 언덕에 올랐다. 과거에는 방어용으로 지었지만 지금은 전망대로 사용되고 있는 갈라타 탑에서 바라보는 이스탄불의 전경이 무척이나 아름답다니, 내일 선민이랑 다시 와서 같이 보고 싶은 마음에 탑을 올라가지 않고 길을 나섰다.

귈하네 공원

굽이굽이 골목 여행

갈라타 탑

성 안토니오 성당

다리가 슬슬 아파오기 시작했지만 아직까지는 버틸 만 했다. 골목을 헤집고 물어물어 도착한 이스티크랄 거리는 한국의 명동이나 일본의 난바 같은 느낌이었다. 이스티크랄 거리를 걷다가 이스탄불의 성당 중 가장 유명한 성당이라는 성 안토니오 성당에 도착했다. 세계 어느 나라를 가던 성당은 꼭 들르는데 그때마다 항상 가족의 건강과 가정의 평화를 빌었다면 이번에는 조금 달랐다.

'주님 제 목소리가 들리신다면, 저를 당장 숙소에 데려다주세요.'

이스티크랄 거리를 걸어 아야자미역에 도착했을 때에는 다리와 몸이 따로 노는 느낌이었다. 하지만 다시 돌아가기엔 이미 너무 멀리 와버렸다. 트램은 이스티크랄 거리만 다닐 뿐 숙소 근처까지는 데려다 주지 않았고 숙소에 가려면 한참을 걸어야 했다. 흐물흐물한 다리를 끌며 지나가는 아이에게 "픈득클르역에 어떻게 가니!"라고 물어보니, 아이는 담배를 피우고 있는 동네 아저씨한테 나를 맡겼다.

동네 아저씨는 이 동네에 대해 빠삭하게 아는 척하며 나를 데리고 가더니, (17살쯤 되어 보이는) 껄렁해 보이는 소년에게 나를 넘겼고, 그 역시 담배를 피우며 골목골목 굽이진 길로 나를 데려갔다. '이건 혹시 드라마나 영화에서 보던 납치 비슷한 게 아닌가?' 여차하면 달릴 준비를 하며 따라가는데, 불량해 보이는 외모와는 다르게 무척이나 수줍은 얼굴로 목적지까지 데려다주었다. 담배를 끊으면 멋있을 것 같다고 말해주고 싶었으나 (무섭기도 하고) 언어의 장벽에 막혀 차마 전하지 못했다. 그의 도움으로 도착한 픈득클르역에서 숙소까지 또 걸었다. 만보기를 보니 3만 4천 보. 터키 이스탄불에서 나의 한계를 깨달았다. 나의 한계는 딱 3만 보였다.

Outro 내가 안성으로 아사 왔던 스무 살 무렵, 우리 집 위층에는 터키에서 만난 수줍은 소년과 비슷한 껄렁이 고등학생이 살고 있었다. 책가방 대신 등에 기타를 메고 담배를 손에 쥐고는, 바짝 힘준 머리에 잔뜩 멋 낸 교복을 입은 그의 모습은 선입견을 가지기에 충분했다.

그러나 그는 외모와는 다르게 무척이나 예의 발랐고, 시간 장소를 불문하고 나를 볼 때마다 "안녕하세요."하며 씩씩하게 인사하곤 했다. 늦은 저녁 집에 돌아오는 버스 안에서 그를 만날 때면 괜스레 마음이 놓여 의지하곤 했다. 그러던 어느 날 그가 군복 입은 모습으로 엘리베이터 앞에 서 있었다. "언제 고등학교를 졸업했어요?"라고 놀라서 물으니, 멋쩍은 미소를 지으며 꽤 오래되었다고 했다.

그 후, 다시 엘리베이터 앞에서 만난 그는 민간인의 모습으로 다시 기타를 매고 있었다.

"여전히 기타를 치네요?"
"이번에 저희 밴드가 두 개의 오디션 프로그램에 참여해요."

그는 자신의 오랜 꿈에 대한 이야기를 늘어놓았다. 행복한 표정으로 꿈에 대한 포부를 늘어놓는 그의 모습은 절로 미소가 지어졌다. 껄렁이 고등학생이 나라를 지키고 돌아와 이제는 어엿한 청년이 된 모습을 보며, 그동안 나는 잘 지냈는지 자문했다. 그리고 생각했다.

어김없이 사라질 오늘을 온 마음을 다해 살아가자. 온 힘이 아니다. 온 마음이다. 온 마음을 다해 살아간다면 생각만 해도 가슴 벅찬 삶이 아닐까 싶다.

✈ 구질구질해도 괜찮아, 보스포루스 해협

> **Intro** 글이란 것은 사람의 심장에 불을 붙였다가 물을 뿌렸다가 제멋대로 사람 마음을 가지고 노는 재주가 있다. 여행 전 보스포루스 해협을 표현한 글을 읽고는 보스포루스라는 단어만으로도 가슴이 설렜다.
>
> 해 질 무렵 골든혼과 보스포루스 해협이 만나는 바닷길로 나서면, 모스크 너머로 노을은 물들고 어부들은 석양의 바다에 그물을 던진다. 흑해와 에게 해 사이, 유럽과 아시아를 가로 지른 해협은 역사와 절경과 애환을 담고 흐른다.
>
> - 글 서영진(여행 사진가)
>
> 보스포루스에 대한 설렘을 안고 여행을 떠났다.

3만 4천보를 걷느라 너덜너덜해진 다리와 토할 것만 같은 굶주림을 부둥켜 안고 보스포루스 해협으로 향했다. 보스포루스 해협에서는 에밀 아저씨가 파는 고등어 케밥을 꼭 먹어봐야 한다는 많은 여행자들의 이야기에 에밀 아저씨를 찾아 나섰다.

에밀 아저씨가 있다던 갈라타교

"에밀 아저씨 가게가 어디에요?"

식당 주소도 아닌 에밀 아저씨 사진 한 장 달랑 들고 터키 시민들에게 길을 물었고, 형제의 나라 터키 시민들은 아주 친절하고도 다정한 말투로 길을 알려줬다. 다만 틀린 길로. 모르면 대답을 하지 않아도 좋으련만 우리의 핸드폰을 친구에게, 그 친구는 또 다른 친구에게 보여주며 '이 사진 속 주인공이 누구인가'에 대해 열심히 고민했다. 그렇게 함께 고민해서 결론 내린 길을 따라 열심히 걸어가서 보면 엉뚱한 곳이었다.

시간과 체력의 방전 끝에 가까스로 도착한 곳에는 사진 속의 북적북적한 에밀 아저씨와 그 외의 가게들이 보이지 않았다.

"여기 있던 고등어 케밥 가게는 어디 갔나요?"
"여기 있던 노점상들은 다 사라졌어요."

지나가는 시민의 청천벽력 같은 대답에 좌절한 후 포기하고 떠난 우리는 귀국 후 알게 되었다. 그곳도 잘못 찾아갔던 것이다. 에밀 아저씨는 지금도 열심히 고등어 케밥을 팔고 계신다.

"터키 여자들이 왜 히잡을 쓰는지 알 것 같네."
"어, 진짜 머리가 탈 것 같아. 달걀을 올려놓으면 달걀 프라이도 할 수 있겠어."

햇살이 너무 뜨거워 머리는 타들어 갈 것만 같았고, 우리는 입고 있던 셔츠와 카디건을 머리에 둘렀다. 따가운 햇살에 머리를 셔츠로 가리고 이미 곯을 대로 곯아버린 배를 안고 갈라타교 밑의 레스토랑을 기웃거렸다. 에밀 아저씨의

보스포루스 해협

고등어 케밥은 8리라라고 했는데 레스토랑의 고등어 케밥은 대부분 20리라였다. 가격과 비주얼을 보고는 포기하려고 뒤돌아서는 순간, 레스토랑 직원이 "7리라"라며 우리를 유혹했고, "진짜 7리라지?"라고 재차 물어보며 자리에 앉았다.

나의 다리는 '자유의 날'을 기념한 3만 4천보와 '에밀 아저씨' 덕분에 너덜너덜해져 있었고, 더 이상은 움직일 기력이 없었다. 게다가 보스포루스 해협 크루즈를 타기 전까지 2시간이 남아 있었기 때문에 고등어 케밥을 먹으며 컨디션 회복을 꾀해야 했다. 바게트 빵에 고등어와 야채를 넣어 만든 고등어 케밥은, 고등어가 통으로 들어가기 때문에 비리다는 이야기도 많았지만 배고프고 지친 상태의 나는 무척이나 맛있었다.

"생각보다 맛있는데? 하지만 다시 온다면 굳이 사 먹지는 않을 것 같아."

고등어 케밥

케밥을 싸게 먹었으니 물은 사셔 마셔볼까 하여 메뉴판을 보니 물이 무려 5리라였다. '케밥이 7리라인데 물이 5리라라니!' 너무 비싸서 고민하고 있는데 선민이가 물이 반쯤 들어있는 1.5L짜리 물통을 가져왔다.

"와! 어디서 났어?"
"저기 빈 테이블에 있던데?"

빈 테이블에 놓여있던 물통을 가져와서는 우리의 물인 양 아무렇지 않게 마셨다. 얼마 후 웨이터가 우리에게 다가오더니 "이거 제거에요!"라며 물통을 가져갔다.
어쩐지 빈 테이블에 왜 물이 있나 했다. 그것도 메뉴판 사이에 꽁꽁 숨어서.

케밥을 다 먹고 보스포루스 해협을 바라보며 한숨 돌리고 있는데, 레스토랑 사장님이 우리에게 "커피를 선물하고 싶은데 괜찮겠니?"라고 물었다. '커피'라는 단어밖에 못 알아들어서 뭉그적거리자 그는 "free! free!"하며 호탕하게 웃었다. 커피와 프리라는 단 두 단어만 알아들은 우리는 "리얼 프리?"라고 물었고, 그렇다는 그의 호탕한 웃음에 화답이라도 하듯 잘 받아 마셨다.

"아무래도 우리 너무 구질구질했던 것 같아."
"솔직히 싸게 먹고 커피 얻어먹은 건 괜찮은데,
 물 훔쳐 마신 게 너무 거지같아...."

프리커피

여행 후 나의 이야기에 선민이도 동감하는 것 같았다.

보스포루스 크루즈는 비싸지 않으면서 터키의 감성을 느끼기에 충분한 곳이었다. 크루즈에서의 느낌도 카파도키아 열기구에서 느낀 감정과 비슷했다. 처음에는 아름다운 풍경과 시원한 바람에 반해 여기 정말 예쁘다며 사진을 찍어대던 엄청난 열정은 배에서 뿜어내는 매연과 함께 금세 날아가 버렸다. 그럼에도 거센 바람을 맨 얼굴로 맞아가며 온몸으로 터키를 느꼈다. 사실은 지쳐서 움직일 기력이 없었다.

크루즈에서 내려와 이집션 바자르 근처 맛 집이라는 퀴네페 집으로 향했다. 물론 퀴네페 집을 찾는데도 한참이 걸렸지만 노력이 무색하지 않게 정말 맛있었다. 퀴네페는 디저트라 여러 종류의 음식과 함께 주문했는데, 기억에 남는 것은 퀴네페 뿐일 만큼 최고의 음식이었다.

퀴네페

 퀴네페
→ 귀네페란 설탕을 끓이다가 천사채를 넣고 치즈를 얹어 앞뒤로 굽고 마지막으로 피스타치오 가루를 뿌려 만드는 터키에서 유명한 디저트이다.

예니자미의 야경

　식사가 끝나고 밤이 깊었으니 계획했던 클럽에 가야 했다. '터키에서의 마지막 밤은 클럽에서 즐기자'라며 밤늦게까지 클럽에서 놀아도 숙소까지 걸어올 수 있는 곳으로 숙소를 잡았었다. 하지만 이 몰골로는 클럽에 갈 수 없어 씻고 가려고 숙소에 도착하자, 몸이 노곤해서 조금만 쉬었다 가자며 침대에 누웠다. 그렇게 우리는 잠이 들었고 다음 날 아침이 밝았다.

Outro 구질구질했던 모습들까지 모두 추억이 되는 걸 보면, 사고 친 기억들만 추억이 되는 건 아닌가 보다.

내게 주어진 하루하루가 행복하다면, 훗날 할머니가 되어 지난 날 들을 모았을 때 꽤 아름다운 책 한 권이 되어있을 것이다.

빠르게 돌아가는 세상에 정신없이 따라가다 보면 나라는 존재, 삶의 이유, 인생의 목표 등을 잊어버리곤 한다. 그때마다 다시 꺼내어 읽어보자. 초심.

내 청춘이 쉼 없이 반짝일 수 있게 자신에게 미안하지 않게, 지금보다 더 열심히 살고 싶어졌다.

✈ 배낭여행에서 만난 사람들

> **Intro** 대학 시절 유럽 배낭여행을 하며, 배낭여행을 떠나는 직장인이 많다는 사실에 사뭇 놀랐었다. 배낭여행이란 젊은 청춘의 상징인 대학생들의 전유물인 줄로만 알았는데 아니었다. 이후, 직장인이 되어 떠난 유럽 배낭여행에서도 많은 직장인들을 만났고, 배낭여행이란 모든 이의 전유물이라는 사실을 깨달았다.

"대학생 때 여행 많이 다녀. 취업하면 여행 못 간다."라던 인생 선배들의 충고를 귀담아 듣고 떠난 유럽 배낭여행에서 많은 직장인들을 만났다.

첫 번째 나라 프랑스 파리 숙소에서 서른 살의 멋진 언니 둘을 만났다. 스물셋 첫 직장에서 만나 친하게 지내던 두 명의 여인이, 서른 살이 되던 해에 열심히 일한 자신에게 주는 선물이라며 유럽 배낭여행을 왔다. 비록 직장을 옮겨 서로 다른 직장에서 일하고 있었지만, 둘 다 다니던 직장을 내려놓고 배낭을 짊어진 것이다.

그 시절 학생이었던 나는 '나도 서른 살이 되었을 때 나에게 주는 선물이라며 잘 다니던 직장을 때려치우고 여행을 떠날 용기를 가질 수 있을까?'라고 생각했다. 그녀들의 용기가 참 대단해 보였다. 그러나 5년 차 직장인이 된 지금은 서른 살에 직장을 때려치우고 여행을 떠났던 그녀들의 용기보다 서른 살까지 직장 생활을 한 그녀들의 끈기가 더욱 대단하게 느껴진다. 그만둘 용기보다 노력이 필요한 것은, 견디고 이겨내는 끈기와 인내심이었다.

두 번째 나라 이탈리아 로마 숙소에서는 엄청난 체력의 군인을 만났다. 8박 9일밖에 안 되는 휴가 기간에 프랑스와 이탈리아를 정복하겠다며 아침밥도 먹지 않고 나가서 가장 늦게 들어오던 언니였다. 그녀의 살인적인 일정에 "언니가 군인이기에 가능한 일정인 것 같아요. 저는 글을 쓰는 걸 좋아하는데 나중에 대학 졸업하면 꼭 여행 책을 쓸 거예요. 그때 제 책에 언니 이야기를 꼭 넣을게요."라며 대학생 기자단 명함을 건넸었다.

직장인이 된 후 그녀가 왜 그리도 빡빡한 일정을 감내해야 했는지 이해했다. 방학이 없는 직장인들은 짧은 휴가 안에 많은 것을 보고 듣고 느끼고 경험해야 한다. 휴양지에서라면 다르겠지만 유럽에서의 배낭여행은 하나라도 더 보고, 한 장소라도 더 가고 싶은 게 직장인 배낭여행자들의 마음일 것이다. 다만 열정과는 다르게 체력이 따라주지 않을 뿐. 마음은 이미 정상이지만 몸은 중턱에서 물을 마시고 있을 뿐.

직장인이 되어 떠난 유럽여행에서도 많은 직장인들을 만났다. 터키 이스탄불 여행 첫날. 4인실 도미토리를 친구와 나 둘만 사용할 수 있게 되어 신이 난 우리는 둘만의 생일 파티를 열었다. 파티에 심취해 소란스럽게 떠들던 우리의 방문을 열며 "같은 방을 쓰게 되었어요."라며 수줍게 들어오던 그녀의 모습이 어찌나 조심스럽던지 소방대원일 줄은 꿈에도 몰랐다. 몇 년을 별러 어렵게 긴 휴가를 내고 터키 여행을 왔다던 그녀는 고단하고 힘든 일이지만 대한민국의 소방공무원임을 자랑스러워했다.

이스탄불을 지나 카파도키아에서는 88년생 회사원 둘을 만났다. 중고등학교 동창생으로 현재 같은 회사에 근무 중이라던 그녀들은, 여행 루트가 우리와 비슷하지만 여행 경비는 우리보다 1.5배나 많다는 사실에 억울해했다. '언니들은 직항을 타고 왔지만, 우리는 두 번이나 경유 했어요.'라고 말하고 싶었지만 자존심을 지키고자 말을 아꼈다. 직장인이 되면 여행을 다니기 어렵다던 인생 선배들의 이야기는 어떤 면에서는 틀린 충고였다. 떠날 사람은 그 어떤 상황에서도 여행을 떠난다.

한국에서 터키로 가는 공항에서 만났던 대학교 교직원을 터키에서 한국으로 돌아오는 공항에서 또 만났다. 이스탄불로 향하는 중국 남방 항공이 김포공항 출발인 줄 모르고 인천공항으로 향했던 그는 인천공항까지 갔다가, 출력해 놓은 프린트에서 Gimpo라는 단어를 보고는 식겁해서 부리나케 김포공항으로 돌아왔다고 했다.

이후 중국 남방 항공이 두 번 경유한다는 사실조차 모르고 있던 터라, 우루무치에서 경유할 때에는 혼자 멍하니 있었다(그래도 나는 의심이라도 했었는데 말이다). 허술함의 극치였지만, 가진 게 돈 밖에 없다던 그는 첫날 공항에서 노숙하는 우리를 뒤로한 채 택시를 타고 시내로 향하는 부유함을 보여주기도 했다.

"여행은 재미있었나요? 너무 허술해서 걱정했는데."

나중에 이스탄불 공항에서 다시 만난 나의 질문에 그는 아주 만족스러웠다는 표정을 지어 보였다. 역시 여행은 허술할수록 스릴 넘친다.

직장인이 되어 나 홀로 다시 찾은 프랑스 파리에서는 1일 1와인을 목표로 여행하던 혜임 언니를 만났다. 언니의 룸메이트에게 사진을 부탁하면서 알게 된 그녀는 파리에서 스냅 사진도 찍고 맛있는 음식과 1일 1와인을 즐기던 소위 〈간지 나는 직장인 여행객〉의 모습이었다. 언니의 모습에서 직장인 여행객의 장점에 대해 다시금 생각하게 되었다. 전망 좋은 숙소에서 자고 맛 좋은 음식을 먹으며 '이래서 돈을 버는 구나, 돈 벌길 잘 했네.'라고 생각하게 만드는 여행. 그녀와 파리에서의 작은 인연은 스트라스부르를 지나, 함께 국내 여행도 가고 꾸준히 만나며 인연을 이어가고 있다.

몇 차례의 유럽 배낭여행 후 떠난 제주도 배낭여행에서도 많은 직장인들을 만났다. 소위 징검다리 연휴라 불리는 황금연휴에 떠났던 제주도 배낭여행에서는 학생보다 직장인을 더 많이 만났고, '다시는 너와 함께 여행하지 않겠다'고 다짐했던 분이와 떠났던 제주도 배낭여행에서는 홀로 제주도 여행을 온 아버님, 사업가를 겸직하시는 50대 아저씨, 매년 홀로 제주도 여행을 온다는 어머님, 40대 초등학교 여자 선생님을 만났다. 젊은이도 두려워하는 나 홀로 배낭여행을 즐기시는 그들을 보며 배낭여행의 정의를 다시 생각하게 됐다.

〈배낭여행〉에서 만난 사람들을 통해 〈배낭여행〉이란 나이에 국한될 것이 아니라는 사실을 배웠다. 세계 곳곳을 여행하고 수많은 직장인을 만나며 〈배낭여행〉이란 젊은 청춘의 전유물이 아닌 살아있는 인간의 아름다운 전유물이라는 사실을 깨달았다.

> **Outro** 직장인이라는 명함이 아주 든든한 방패처럼 느껴질 때도 있지만, 가끔은 너무 무거워 버겁게 느껴지는 날도 있다. 학교에서 배우지 못했던 수많은 것들을 사회라는 조직에 던져져 급하게 습득하느라 체할 것 같은 날도 있다.
> 그럼에도 오늘을, 버거우리만큼 무거운 오늘을 멋지게 이겨낸 직장인들을 응원하고 싶다.
> 여행하며 만난 이들은 저마다 어느 한 곳에서 대한민국을 밝혀주는 멋진 직장인이었다.
> 그대를 항상 응원할게요.

05
여행자들이 꼽은 최고의 나라 스위스

✈ Prologue

비정상회담에서 알베르토가 짠돌이 아버지에 대해 이야기할 때 참 많이 공감했다. 장난감을 사달라고 하면 거절하시지만, 책이나 축구화를 사달라고 하면 항상 사주셨다는 그의 아버지. 그의 아버지가 말씀하시길 "밥 먹는 거, 문화, 스포츠, 여행에는 돈을 아끼면 안 된다." 물론 나는 여행과 문화, 스포츠에 사용하는 돈까지도 아끼지만 아까워하지는 않는다. 아까워서 못하는 것이 아니라 최대한 저렴하게 즐기려고 노력한다.

"일 년에 두세 번 타는 택시비는 아까워도, 일 년에 두세 번 타는 항공료는 전혀 아깝지 않다."

회사 과장님들이 나를 '돈 안 쓰는 노랭이'라 부를 때마다, 물가 깡패 스위스 여행을 다녀올 만큼 좋아하는 일에는 투자할 줄 아는 '꽤 괜찮은 노랭이'라고 변명한다.

"언니 저는 한국에 돌아왔어요. 핸드폰 새로 사느라 이제야 연락드리네요."
"솔아. 나는 지금 스위스야."

프랑스 파리 여행을 마치고 한국에 돌아와 파리에서 만났던 혜임 언니한테 연락을 했더니, 보내준 언니의 사진에 반해서 '좋았어. 내년 여름휴가는 스위스다!'라고 다짐했다. 그렇게 막연하게 스위스 여행을 생각하던 중, 결혼을 앞둔 중학교 동창 혜민이가 결혼 전에 해외여행 한 번 못 가본 게 너무나 후회가 된다며, 만약 해외여행을 간다면 꼭 스위스에 가보고 싶다고 했다. 그렇게 그녀의 첫 해외여행이자, 나의 여름휴가를 스위스로 계획하게 되었다.

피르스트 바흐알프제에서 혜임언니

스위스 프랑

여행 계획을 세우며 물가 깡패 스위스라는 말을 다시 한 번 실감했다.

"솔아, 그런데 우리 처음 계획했던 것보다 돈이 더 들 것 같지 않아?"
"응. 융프라우 빼고는 다 스위스 패스로 가능한 줄 알았는데, 뭐 이렇게 추가되는 게 많아. 이럴 거면 스위스 패스를 비싸게 팔지나 말든가."
"그리고 우리 숙소도 바꿨잖아. 더 비싸진 거 아냐?"
"맞아. 어떡해?"
"여행 간다고 카메라도 샀는데."
"나도 스위스 때문에 액션캠 산 거 알지?"

여행을 계획하다 보니 많은 부분에서 추가 요금이 발생했고, '비상금을 탈탈 털어 맞춘 여행 경비인데, 여기서 더 추가되면 어디서 경비를 조달해야 하지?' 눈앞이 캄캄해졌다. 여행을 떠나기 한참 전에는 싸지만 효율성 높은 숙소를 찾고, 싸지만 맛있는 맛 집을 찾고, 멀지만 환율 우대가 높은 은행에서 환전을 시도하며 〈저렴〉에 눈높이를 맞춘다.

그러다 여행 바로 직전에는 조금 더 비싸더라도 조금 더 좋은 숙소로 바꾸고, 저렴하지 않더라도 맛있는 음식점을 찾아보고, 이왕 가는 거 조금 더 즐겁게 즐기다 오겠다며 조금 더 환전을 꾀한다.

여행을 떠나면 환율 계산이 바로바로 안 돼서, 내가 구매한 방울토마토 5개가 3천 원이나 한다는 사실을 망각한 채 물건을 구매하고, 지금 먹는 스테이크가 5만 원이나 한다는 사실을 인식하지 못한 채 식사를 한다. 여행이 가까워질수록 〈경비〉보다는 〈경험〉에 초점을 맞추게 된다. 덕분에 나의 통장 잔고는 한결 가벼워지지만 추억과 경험만큼은 풍요로워진다.

여행 1일 차 여행 계획. 스위스 입성

SBB(스위스 철도) 어플을 통해 제네바 국제공항에서 인터라켄으로 가는 기차를 알아보니, 무조건 베른에서 환승을 해야 한다. 베른에서의 환승 후 인터라켄에 도착하면 새벽 2시가 넘는 시간이다. 그래서 첫날은 베른에서 자는 게 좋겠다는 결론을 내린 후 베른 백 패커스를 예약했다. 다만 숙소에서 12시 이후의 체크인을 거절하는 탓에 안 되는 영어로 메일을 보냈다.

"11시 넘어서 베른에 도착하는데 호스텔 문이 닫혀 있어도 숙소에 들어갈 수 있나요? 그리고 체크인과 체크아웃을 다음 날 한꺼번에 하게 될 텐데 괜찮나요?"
"알려드린 4자리의 숫자를 누르면 열쇠 두 개가 떨어질 거고, 그 두 개의 열쇠로 숙소에 들어갈 수 있어요."
"예약 시 작성했던 카드로 숙박비를 지불하지 않고, 체크아웃 할 때 현금으로 지불해도 되나요?"
"체크인을 할 때 카드건 현금이건 원하는 것으로 지불하면 돼요."

내가 잘 이해한 것인지는 자신이 없었다.

스위스 입성

여행 2일 차 여행 계획. 베른 & 인터라켄

"혜민아. 다른 건 몰라도 꼭 하고 싶은 것들은 생각해 둬야 해."
"응. 이미 생각해 뒀어."
"꼭 하고 싶은 게 뭔데?"
"인터라켄 툰 호수에서의 유람선은 꼭 타고 싶어."

오전에 베른의 장미 정원에 올라 아래 강을 내려다보며 빵 한 조각을 먹고, 인터라켄으로 이동해서 짐을 내려놓고는 툰 호수 유람선을 탈 계획을 세웠다. 여행 계획에서 가장 중요한 것은 보고 싶은 것, 하고 싶은 것, 먹고 싶은 것을 찾는 일이다. 물론 계획대로 이루어지기 어렵지만, 알고 여행하는 사람과 모르고 여행하는 사람이 바라보는 시야는 확실히 다르다.

스위스의 수도 베른에서 연주하는 젊은이들

루체른의 카펠교

여행 3일 차의 계획. 루체른

"혜민아 루체른에서 꼭 하고 싶은 것은 뭐야?"
"다른 건 모르겠는데, 루체른 야경은 꼭 보고 싶어."

골든 패스 라인 기차를 타고 루체른으로 가서 오전에는 루체른 시내 투어를 하고, 오후에는 내가 원하는 산들의 여왕 리기 산에 오르고, 저녁에는 혜민이가 원하는 야경을 보며 커피 한 잔 마실 계획을 세웠다.

여행 4일 차의 계획. 체르마트

체르마트 고르너그라트의 하이킹 코스를 모두 다 걸을 수 있을지는 모르겠지만, 체력이 안 된다면 리펠호수를 볼 수 있는 로텐보덴-리펠베르크 코스만큼은 꼭 걷고 싶었다.

"솔아 근데 고르너그라트 정상으로 올라가는 산악 열차도 돈 더 내야 하는 거 알지?"
"나도 오늘 알았어. 도대체 스위스 패스는 왜 사는 거니? 뭐만 하면 자꾸 추가래."
"우리 환전 더 해야 하는 거 아냐?"

우리가 체르마트에서 하고 싶은 것은 〈하이킹〉이었다. 그런데 계획을 세울수록 '내가 휴식을 취하러 스위스에 가는 건지 하이킹을 하러 스위스에 가는 건지' 헷갈렸다.

체르마트 고르너그라트 리펠호수

인터라켄 피르스트

여행 5일 차의 계획. 인터라켄

"인터라켄에서 하고 싶은 건 뭐가 있어?"
"패러글라이딩. 그리고 바이크 타고 내려오는 거. 그것만 하면 스위스 70%는 성공한 기분일 것 같아"

내가 원하던 융프라우 하이킹 후, 나를 스위스로 이끌었던 피르스트의 바흐알프제 호수를 보고(여기도 하이킹), 나와 혜민이의 꿈이었던 패러글라이딩을 한 후 혜민이의 목표인 트로티 바이크를 탈 계획을 세웠다. 사실 패러글라이딩은 다음 날 하려고 했지만 패러글라이딩을 하기 위해서는 피르스트까지 또 가야 했다. 즉 피르스트에 가기 위한 곤돌라를 또 타야 한다는 말씀. 추가 요금 27프랑. '그럴 바엔 한 번에 다 하는 게 좋지 않을까?'하는 생각에 빡빡한 인터라켄 계획을 세웠다.

아델보덴

여행 6일 차의 계획. 아델보덴

아델보덴을 계획한 이유는 오로지 '살면서 꼭 한 번 가봐야 하는 호텔'이라는 더 캠브리안 호텔 때문이었다.

"호텔 조식은 이날뿐이니까 호텔 조식 먹을 때 가장 예쁜 옷 입고 먹자. 인생은 허세지!"
"너 예쁜 옷 있어?"
"아니. 사야겠지?"
"난 카메라도 샀는데? 우리 그럼 도대체 스위스 여행에 얼마를 쓰는 거야?"
"올라. 크크. 내가 언제 또 이런 유명한 호텔에서 자게 될지 모르잖아."

어차피 체크인 시간이 오후 세시라, 전날 피르스트 코스를 소화하지 못한다면 여행 6일 차에 피르스트 코스를 소화한 후 호텔이 있는 아델보덴으로 갈 계획을 세웠다. 그리고 아델 보덴에 가서는 아무것도 하지 않고 숙소에서 푹 쉬기로 했다(다만, 기회가 된다면 하이킹을).

여행 7일 차의 계획. 레만 호수

스위스 여행을 계획하던 첫날. 혜민이는 레만 호수에 꼭 가고 싶다는 이야기를 하며 검은색 볼펜으로 꾹 꾹 눌러 작성한 몽트뢰 하이킹 코스를 가져왔다. 스위스 패스가 있다면 로잔(숙소)에서 몽트뢰까지 유람선이 무료이므로, 로잔 숙소에 짐을 놓고 로잔에서 몽트뢰까지 유람선을 타고 건너간 후, 혜민이가 공책에 적어 온 몽트뢰 트레킹 코스를 걸으며 로잔으로 올 계획을 세웠다.

계획을 세울수록 의문이 들었다. 대체 이번 스위스 여행에서 하이킹과 트래킹을 얼마나 많이 하는 것일까? 국토 대장정처럼 체력 관리를 하고 가야 하는 것은 아닐까? 다 좋으니, 제발 살이라도 빠져서 오길 기도했다.

몽트뢰 성에서 바라본 레만 호수

여행 8일 차의 계획. 로잔

여행 마지막 날에는 아침 일찍 일어나서 로잔 근처를 둘러본 후, 재빨리 공항으로 가서 집에 돌아오기로 했다.

그린델발트 곤돌라

여행 계획은 착착 진행되어 가는데 잊고 있었던 한 가지가 생각났다.

"아 맞다 엄마. 나 아빠한테 여행 간다고 말했던가?"
"아니. 엄마한테도 말 안 했으니까 아빠도 아마 모르겠지?"
"여행이 다음 주인데 어떡하지? 스위스는 안전하니까 허락해주실 거야...."

그래도 스위스는 안전하다는 생각에 저녁 식사를 하며 말했다.

"아빠 요즘 너무 덥지? 아빠 휴가는 언제야?"
"다음 주."

"나는 다음다음 주인데. 그래서 다음 주 토요일부터 여행 가려고."
"...이번에는 어디!"
"스위스. 혜민이가 결혼하기 전에 스위스에 가보고 싶다고 하더라고, 스위스는 엄청 안전한 나라인 거 알지?"
"...."

나는 무언의 허락을 받았다. 13개국 여행 중 처음으로 거짓말 없이 떠난 여행이었다. 덕분에 마음 놓고 사진도 보내고 마음 놓고 프로필 사진도 바꿀 수 있는 마음 편한 여행이었다.

루체른 리기 산

✈ 안전한 나라 스위스에 입성

Intro 여행 전날 여행 가방도 챙기지 않은 채 불금을 보내며, 첫차 타고 들어가서 챙기면 된다는 안일한 생각을 했다. 그러다 정신이 번쩍 들며 뇌리를 스친 생각. '늦잠 자서 첫차를 못 타면 어떡하지? 허둥대다 여권도 못 챙기면 어떡하지?'

다른 건 없어도 어떻게든 살아남겠지만, 여권이 없으면 비행기를 탈 수 없으니 부랴부랴 막차를 타고 집으로 향했다. 새벽 한 시쯤 집에 도착해서 30분 만에 짐을 챙기고는 잠이 들었다가 4시간 후 허둥지둥 일어나서 30분 만에 챙긴 캐리어를 끌고 공항으로 향했다.
시작부터 어쩐지 불안했다.

두 번의 식사를 마치고 나니 모스크바에 도착. 환승 후 한 번의 식사를 더 하고 나서 제네바 국제공항에 도착했다. 제네바 국제공항과 제네바 기차역은 매우 가까웠고 공항이 그리 크지 않아서 기차역까지 찾아가는 일은 어렵지 않았다. 우리의 계획은 기차를 타고 제네바 국제공항에서 로잔으로, 그리고 로잔에서 환승하여 베른까지의 무사히 도착하는 것이었다.

 제네바 국제공항 기차역은 제네바 국제공항 지하에 있다.
→ 제네바 국제공항에 도착한 후, 짐을 찾고 기차역까지 가는데 30분 정도밖에 안 걸렸다.

제네바 국제공항 기차역

제네바 국제공항에서 로잔까지는 무사히 도착했으나, 로잔에서 베른 행 기차로 갈아타는데 문제가 생겼다. 기차 환승 시간은 매우 짧고 장시간 비행으로 피로가 쌓인 우리의 몸은 너무나 무거웠다. 기차가 눈앞에 있었지만 눈앞의 좌석은 일등석 칸이어서 이등석까지 걸어갔다. 졸음 쌓인 눈을 한 번 끔뻑거리는 사이 호루라기 소리가 들렸고, 두 번 끔뻑거리자 기차 문이 닫혔다. '어라?'하고 놀라서 열림 버튼을 눌렀지만 굳게 닫힌 기차 문은 열리지 않았다. 그렇게 베른행 기차를 눈앞에서 떠나보냈다.

 기차 환승 시간은 매우 정확하고 짧으니 주의해야 한다.
→ 역무원이 호루라기를 불면 '이제 곧 출발한다'는 뜻이므로, 눈앞에 보이는 칸이 1등석이더라도 일단 탑승한 후 내부에서 이동해야 한다.

졸음에 취해서 백지장이 된 머리로 눈만 끔뻑거리던 우리는 다음 기차를 찾기 시작했다. 그리고 알게 된 안타까운 사실. 방금 보낸 기차가 막차였다.

"망했다. 막차를 놓쳤다!"

정신이 바짝 들어 해결 방법을 궁리해 보았다.
첫 번째 방법은 베른 숙소를 취소하고 로잔에 숙소를 잡는 것인데, 당일 취소라 베른 숙소의 숙박비 100프랑(약 12만 원)을 날리고, 로잔 숙소의 숙박비 100프랑(약 12만 원)이 추가로 드는 방법이었다.
두 번째는 첫 차를 타고 베른으로 향하는 것으로, 5시 45분 첫 첫차를 타고 베른에 도착하면 오전 7시였다. 오전 7시는 잠을 자기도 뭐 한 시간이며 남은 5시간 30분을 때울 장소도 마땅치 않았다.
세 번째는 기차를 타고 비엘(BIEL)로 가서 기차역에서 1시간 대기 후, 야간

버스를 타고 1시간을 달려 베른으로 향하는 방법이었다. 스위스 패스가 있으니 추가 교통비도 안 들고 새벽 3시쯤 베른에 도착하여 한숨 잘 수 있으니 가장 좋은 방법인 듯했다.

우리는 비엘(BIEL)로 향했다.

새벽 1시에 마주한 비엘(BIEL)은 내가 상상하던 스위스가 아니었다. 무수한 별들이 쏟아지는 아름다운 밤하늘을 상상했는데, 비가 추적추적 내리는 밤거리를 술에 취한 젊은이들이 활보하고, 기차역 앞 쓰레기통에서는 폭탄 소리가 들리는 무서운 곳이었다. 사방에서 들리던 폭탄 소리는 술에 취한 청년들이 쓰레기통에 폭죽을 터트린 것이었고, 술에 취한 젊은이들의 발걸음은 젖은 코트를 입은 것처럼 무거워 보였다.

스위스는 안전하고 깨끗하다던데 여기가 스위스가 맞나 하는 생각에 검색을 해보니, 비엘(BIEL) 여행기는 어디에도 없었다. 다들 환승의 장소로만 찾을 뿐.

BIEL의 토요일 밤은 대단하다.
→ 스위스에서 동공이 풀릴 때까지 술을 마시고 싶다면 BIEL로.

베른으로 향하는 버스를 타기 위해 기차 역 앞 버스 정류장으로 향했고, 기차 역 앞에는 A부터 F까지의 버스 정류장이 있었다. 내가 타야 할 버스는 M10 버스인데, M10 버스는 어느 버스 정류장에서 타야 하는지 알 수가 없었다.

"M10 방향 버스 정류장이 어디인가요? 저는 베른에 가야 해요."

새벽 밤거리를 배회하던 시민들의 대답은 모두 달랐다.

취객1 "A 정류장에서 타면 돼."
취객2 "여긴 아냐. 건너서 B 정류장에서 타야 해."
취객4 "C 정류장에서 타야 해."
취객4 "이 버스는 여기 안 와. 택시 타고 가야 해. 아마 택시비가 어마어마할 거야."

물어볼 때마다 다른 그들의 말을 믿을 수 없어서 우리의 직감을 믿기로 했다. 버스를 기다린 지 정확히 1시간 후 A 정류장 앞으로 베른 행 버스가 왔다.

스위스 패스

"야간 버스는 스위스 패스를 사용할 수 없어. 8프랑을 내"

대중교통 탑승 시 내기만 하면 패스라던 스위스 패스가 있어서 추가 교통비 없이 베른에 갈 수 있을 것으로 생각했는데 아니었다.

"LYSS까지가 8프랑이고 베른까지는 17프랑이야. 9프랑을 더 내."

LYSS에 도착하자 운전기사 아저씨께서 9프랑을 더 걷어가셨다. 인터넷이 안 되니 사기인지 아닌지 알아볼 수가 없었다. 그냥 억울할 따름이었다. 스위스 패스 찬양하다 발등 찍혔다. 그렇게 사기 당하듯 도착한 베른. 늦은 시간이라 세수만 하고 잠을 청했다.

> **Outro** 오늘의 해가 진다. 그리고 해는 다시 떠오른다.
>
> 매일매일 반복되는 일출과 일몰임에도 그 모습을 보기 위해 우리는 마음먹고 여행을 떠난다. 그리고 여행에서의 그날은 특별한 날로 기억된다. 오늘의 해는 또 질 것이며 내일의 해는 다시 떠오를 것이다.
>
> 특별한 오늘이 소중하듯 평범한 내일도 소중하다. 가끔은 너무 바빠, 나이를 먹고 있음만 생각하지 하루하루의 소중함은 잊고 산다. 매일 매일이 특별할 수는 없겠지만, 매일 매일의 소중함은 잊지 않고 살아야겠다.
>
> - 스위스 베른에서의 일기 중

✈ 스위스의 수도 베른을 여행하다

> **Intro** 구시가 전체가 세계 문화유산인 스위스의 수도 베른에 가지 않았더라면, 스위스의 또 다른 매력 하나를 놓쳤을 것이다. 아름다운 스위스에는 자연 경관 이외에도 많은 매력이 도시 곳곳에 숨어있었다. 그리고 그중 하나가 스위스의 수도 베른이다.

"나 너무 불쌍하지 않냐? 외국에 와서도 출근 시간이면 눈이 떠진다."

전날 베른 행 막차를 놓치는 바람에 새벽 4시가 되어서야 잠을 청했는데, 모닝콜이 울리기 전인 아침 7시에 눈이 떠졌다. 대학생활 5년 동안 꾸준히 아르바이트를 했고, 졸업과 동시에 바로 취업을 한 덕분에 아침 일찍 일어나는 습관이 몸에 배어서 몇 시에 자건 출근 시간이 되면 눈이 떠지는 몸을 가지게 되었다. 그러나 이 습관이 시차까지 무시할 줄은 꿈에도 몰랐다.

아침 일찍 일어나서 짐을 챙기고는 식당으로 내려가 한국에서 공수해 온 라면과 카레 밥을 먹었다. 한국에서도 잘 먹지 않는 카레 밥이었는데, 전날 긴장과 이완을 무한 반복했던 탓이었을까? 지금까지 먹었던 카레 밥 중 제일 맛있는 카레 밥이었다. 든든한 아침 식사 후 지도를 펼치고 모닝 커피를 마시며 베른 여행 계획을 세웠다.

"베른에서는 딱히 보고 싶은 게 없어. 그냥 장미 정원만 올라갔다가 내려와서 인터라켄으로 이동할까?"
"그래. 좋아!"

커피를 마시며 계획을 세울 때까지만 해도 베른은 그저 인터라켄으로 가기 위한 환승 장소일 뿐이었다.

스위스 베른 모닝커피

베른의 구시가지 메인 길

베른의 구시가지

마침 밖에는 비가 보슬보슬 내리고 베른에는 딱히 관심이 없었기 때문에, 장미 정원만 가기로 하고 길을 나섰다. 분명 숙소에서 나올 때만 해도 비가 내리고 일기 예보에도 천둥 표시가 그려져 있었는데, 우비를 입고 길을 걷기 시작하자 비가 멈췄다. 맑은 하늘 아래 베른의 구시가지. 처음에는 별 관심이 없어서 그냥 장미 정원이나 올라갔다가 내려오자던 우리는 구시가지의 매력에 빠져 골목 구석구석을 걷기 시작했다.

"우리 진짜 스위스에 왔나 봐. 어제 본 건 스위스가 아니었어. 여기가 스위스야!"

베른은 분수의 도시답게 길 곳곳에 분수가 놓여 있었다. 대부분 중세시대부터 내려온 분수들은 저마다 다른 모습을 하고 있었다.

"일단 저 트램을 타자."
"어디 가는 건데?"
"몰라. 타면 어디든 가겠지."

사실 붉은색 트램이 우리를 장미 공원에 데려다줄 것이라 기대했는데, 우리가 내린 곳은 엉뚱한 장소였다. 아무래도 붉은 트램이 장미 정원과 다른 방향으로 가는 것 같아서, 트램에서 내렸다. 장미 정원으로 가는 다리는 뉘데크 다리(Nydeggbrucke)인데, 우리가 트램을 타고 건넌 다리는 코른하우스 다리(Kornhausbrucke)였다(동쪽에 있는 다리 Nydeggbrucke, 북쪽에 있는 다리 Kornhausbrucke).

'예측 불가한 게 여행의 묘미'라고 변명을 늘어놓으며 트램을 타고 왔던 길을 걸어서 돌아가는데, 우리의 눈앞에는 사진이라는 작은 프레임 안에 다 담을 수 없는 엄청난 풍경이 펼쳐졌다. 아레강이 한 눈에 보이는 베른의 모습은 아까 중세시대의 베른이 느껴지던 구시가지와는 또 다른 그림 같았다. 우리는 그 풍경을 넋을 잃고 바라보면서 엉뚱한 트램을 타길 참 잘했다며 서로를 칭찬했다.

코른하우스 다리(Kornhausbrucke)에서

장미 정원으로 가는 길에 있는 아레강

장미 정원으로 향하는 길에 만난 나무와 강 그리고 건물들 모두 '내가 바로 스위스다'라고 외치는 것 같았다. 가파른 길을 올라 도착한 장미 정원은 코른하우스 다리(Kornhausbrucke)에서 바라본 베른 시내와는 또 다른 전경을 보여주었다. 장미 정원은 아레강이 베른의 구시가지를 감싸 안고 흐르는 모습이 한눈에 보이는 장소로, 베른의 전경을 보기에 딱 좋은 장소였다.

"이 음악을 들을 때면 앞으로 베른이 떠오를 거야."

장미 정원 난간에 앉아 음악을 들으며 혜민이 귀에 이어폰을 꽂아 주었다. 참 멋진 말인데 이걸 혜민이에게 써먹었다는 사실이 참으로 안타깝다.

장미 정원에서 내려와 아레강이 보이는 쪽으로 무작정 걷다 보니 길을 잃었는데 여행할 때에는 길을 잃어도 된다고, 네가 지금 걷는 이 길이 너의 여행 루트가 될 거라며 길 잃은 것에 대한 핑계를 어쭙잖은 변명으로 대신했다.

길을 잃어 만난 아레강

길을 잃은 덕분에 아레강 산책길을 계속해서 걸었다. 쉬지 않고 걷던 우리의 눈앞에 뮌스터플랫폼(Munsterplattform)으로 오르는 엘리베이터가 보였다. 보여주기만 하면 모든 게 패스라던 스위스 패스를 보여주며 무료로 탈 수 있는지 물으니, 스위스 패스는 안 된단다.

'어제 야간 버스도 안 되고 오늘 엘리베이터도 안 되고, 도대체 되는 게 뭐야! 비싸기만 하고!'

민스터플랫폼(Munsterplattform)에 올라

　혹시 몰라서 숙소에서 받았던 베른 1일 교통권을 보여주니, 그거면 무료로 탈 수 있다며 무료로 태워 줬다. 엘리베이터를 타고 올라간 민스터플랫폼(Munsterplattform)에서 바라본 베른의 전경은 아까와는 또 다른 그림이었다.

"여기 안 왔으면 후회했을 것 같아."

호스텔 또는 호텔을 예약하면, 베른의 1일 교통권을 준다.
베른뿐만 아니라 대부분 도시의 숙소(호텔 또는 호스텔)에서는 숙박한 만큼의 1일 교통권을 준다. 때문에 스위스 패스가 없더라도 도시 내에서의 이동은 어렵지 않다.

　민스터플랫폼(Munsterplattform)에서 내려와 다시 구시가지를 걸으며, 스위스에서 가장 큰 기독교 건축물이라는 베른 대성당에 도착했는데, 베른 대성당은 지금까지의 유럽 여행에서 보았던 세계 각국의 성당들에 비해 큰 매력이 느껴지지 않는 성당이었다.

'역시 세상은 공평해. 그래 다 좋을 수는 없어.'

맑은 하늘의 베른 여행을 마치고
짐을 챙겨 버스 정류장으로 향하는데
먹구름이 몰려왔다.

"여행을 마치니까 먹구름이 몰려오네.
역시 난 날씨 운이 좋아!"

베른 대성당

운이 좋다는 말이 떨어지기가 무섭게 바람이 불기 시작하면서 소나기가 쏟아지고, 맑은 하늘을 믿고 거리로 나와 있던 테라스들이 거센 바람에 무너지기 시작했다. 갑작스러운 소나기를 맞고는 물에 빠진 생쥐의 몰골로 기차역에 도착했다. 운이 좋으려면 끝까지 좋았어야 했는데, 신이 잠깐 졸았던 탓에 소나기를 맞으며 아름다운 베른과 작별 인사를 했다.

무너진 테라스

Outro 2016년 8월 20일 무한도전에서, 도산 안창호 선생의 발자취를 따라가는 LA 특집을 했다.

"나 어제 무한도전 보면서 펑펑 울었잖아."
"너 스위스에서도 무한도전 보면서 울었잖아."

친구들에게 무한도전 LA 특집에 관한 이야기를 나누며 기억을 더듬어 보니, 무한도전 멤버들이 정형돈에게 마지막 인사를 하는 동영상을 보며 눈물 흘리는 것이 창피해서 몰래 울다가 혜민이에게 들킨 생각이 났다. 무한도전이 너무 슬프다는 나의 말에 혜민이는 잠시 당황하더니 깔깔대며 웃었었다.

도산 안창호 선생은 대한민국의 아버지셨으며, 대한민국의 주권을 찾기 위해 일생을 바치신 분이다. 대한민국의 주권을 찾기 위해 목숨을 바쳐 노력하신 분은 비단 도산 안창호 선생뿐만은 아니었을 것이다. 지금 우리가 사는 세상은 많은 분의 피와 땀이 서려 있으며, 지금 내가 누리고 있는 행복 또한 그분들의 노력이 없었더라면 불가능했을 것이다.

조상님들이 주권을 찾기 위해 노력하신 이유는 후손들이 주권 있는 세상에서 행복한 삶을 살길 바랐기 때문일 것이다. 헬조선을 외치며 스스로 불행하다고 생각하는 삶을 살기를 원하시지는 않았을 것이다. 그래서 혜민이에게 말했다.

"이러고 있을 때가 아니야. 어제 무한도전 보고 이렇게 살면 안 되겠다 생각했어."
"그럼 어떻게 살 건데?"
"맏나니처럼 막 놀 거야."

조상님들이 목숨 바쳐 지켜낸 대한민국에서 나라 탓 조상 탓 세상 탓만 하며 불평불만을 쏟아내기엔 내 젊음이 너무 아깝다. 그리고 후손들의 행복을 위해 목숨 바쳐 나라를 지켜낸 조상님들께 참으로 죄송한 일이다.

그래서 더 열심히 놀아야겠다는 생각을 했다. 꿈꾸던 것은 이루고 하고 싶은 것은 하면서 더 행복하고 더 즐겁게 내가 원하는 삶을 살아야겠다. 지금의 삶이 불행하다는 생각이 든다면, 손에 쥐고 있던 욕심을 과감하게 내려놓을 수 있는 용기를 길러야겠다.

✈ 산들의 여왕 루체른 리기 산에 오르다

> **Intro** 8월 1일은 스위스의 국경절인 스위스의 날이며, 우리는 스위스의 날에 루체른의 리기 산에 올랐다. 루체른 여행을 계획하며 리기 산으로 향하는 방법을 찾아보다가, '무슨 산 한 번 가는데 유람선에 케이블카에 산악 열차까지 타야 하나? 가면 어떻게든 되겠지'라는 생각에 루트만 노트에 적어 놓고는 루체른으로 떠났다.

루체른으로 향하는 기차 안에서 바깥 풍경을 바라보니, 왜 스위스의 수많은 기차 구간 중 인터라켄에서 루체른까지의 구간에 특별히 골든 패스라는 이름을 붙여 주었는지 알 것 같았다. 창문 밖 풍경은 한 폭의 그림이었다. 기차를 타고 스위스의 여러 구간을 달려 보았지만 골든 패스 라인이 가장 아름다웠다.

골든 패스 라인을 달리다

 Tip 아름다운 기찻길을 달려보고 싶다면 인터라켄-루체른 구간의 골든 패스를 달려봐야 한다.

루체른 리기 산 가는 방법

<루체른 역에서 리기 산으로>
- Luzern(루체른) → (유람선) → Weggis(베기스)
- Weggis(베기스) → (케이블카) → Rigi Kaltbad(리기 칼트바드)
- Rigi Kaltbad(리기 칼트바드) → (산악열차) → Rigi Kulm(리기쿨룸)

<리기 산에서 루체른역으로>
- Rigi Kulm(리기쿨룸) → (산악열차) → Vitznau(비츠나우)
- Vitznau(비츠나우) → (유람선) → Luzern(루체른)

루트는 반대가 되어도 괜찮다.

    루체른 호수에서 유람선을 타고 30여 분을 달려 중간 정거장인 베기스에 도착했다. 호숫가에 있는 베기스는 아기자기하고 예쁜 마을로 평화롭고 평온했다. 베기스에서 리기 칼트바드까지 향하는 곤돌라 안에서 루체른 호를 보니 구름 한 점 없는 맑고 평온한 호수였다. 리기 칼트바드 곤돌라 정거장에서 내려 리기 산의 정상인 리기쿨룸까지는 산악 열차를 타고 올라갔다.

베기스 정거장

스위스의 산악열차는 한국의 열차나 유럽에서 보았던 열차, 그리고 스위스에서 도시를 이동할 때 이용했던 기차와는 모든 게 달랐다. 푸른색의 아기자기한 열차의 덜컹거림은 산악열차만의 매력이었고, 열차는 경사진 기찻길을 경보하듯 느리게 운행되었다.

베기스에서 곤돌라 정거장으로 향하는 길

리기 산 산악열차

265

리기 산 정상에서 바라본 루체른 호

리기 산 정상에서 루체른 호를 바라본 후 내려갈 때는 남들도 다 걸으니까 우리도 걷자며 시작한 리기 산 하이킹. 리기 쿨룸에서 리기 슈타펠까지는 20분 정도의 하이킹 코스로 하이킹이라고 말하기 민망할 정도의 동네 마실 수준이라서 스위스를 제대로 눈에 담기 위해 여유를 부리며 걸었다.

하늘에는 패러글라이딩하는 사람들이 보였다. 괜히 손 한번 흔들어 보자, 그들도 내게 손을 흔들어 주었다.

리기 산 패러글라이딩

느릿느릿 걸어 30분 만에 슈타펠 기차역에 도착해 커피 한 잔을 마시고 루체른으로 돌아왔다. 리기 산으로 향하며 지난 며칠간 '비싸기만 하고 쓸모가 없다'며 욕하던 스위스 패스를 찬양하기 시작했다.

"리기 산에 오르면 스위스 대부분의 대중교통을 이용하게 되네. 스위스 패스를 사면 리기 산에는 꼭 가야겠다. 그래야 본전을 뽑겠어!"

스위스의 대중교통을 제대로 이용해 보고 싶다면 루체른의 리기 산에 오르자.
→ 기차, 산악열차, 유람선, 곤돌라를 모두 이용해야만 리기 산에 오를 수 있다. 만약 리기 산 여행을 계획한다면 스위스 패스를 구매하는 것이 좋다. 스위스 패스가 있다면 모든 교통비가 해결되고, 스위스 패스가 없다면 모든 교통권을 구매해야 한다.

루체른 호

"룩체른 인포메이션에 가면 열쇠고리랑 초콜릿을 선물로 준대."
"신난다! 아무 인포메이션이나 다?"
"그럴 걸?"

혜민이가 알아 온 정보에 따르면 '인포메이션으로 가서 그곳에 비치된 여행 팸플릿을 들고 인포메이션에 제출하면 초콜릿과 열쇠고리를 준다'고 했다. 정보대로 여행 팸플릿을 들이밀자 직원은 우리에게 혹시 한국 사람이냐고 물으며, 지도를 펼쳐 점을 찍고는 "이 팸플릿 들고 여기로 가면 초콜릿을, 여기로 가면 열쇠고리를 줄 거야."라고 했다. 우리 같은 한국 사람이 많은 모양이었다. 지도를 들고 나가는데 스위스의 날이라며 빵도 주었다.

 인포메이션에 비치된 여행 팸플릿을 들고 초콜릿 상점에 가면 초콜릿을, 기념품 상점에 가면 기념품을 준다.
→ 단, 기념품이 달라질 수 있으니 인포메이션에 가서 확인을 받자.

인터라켄으로 돌아와 저녁식사 후, 숙소를 늦게 예약하는 바람에 숙소가 달랐던 혜민이에게서 연락이 왔다.

"이쪽으로 와봐. 여기 툭죽 터트려!"

혜민이의 연락을 받고 찾아간 혜민이의 숙소 앞에서는 불꽃이 밤하늘에 수를 놓고 있었다. 예전에는 불꽃놀이를 별로 좋아하지 않아 축제 마지막에 불꽃을 터트릴 때면 '나의 학자금이 터지는구나'라고 생각했었는데, 어느 날 퇴근 후 한강에서 본 불꽃놀이 덕분에 불꽃놀이를 좋아하게 되었다.

불꽃놀이 장소에는 인터라켄에 사는 모든 주민이 다 모인 것처럼 인산인해를 이루었고, 이런저런 분장을 하고 나온 스위스 사람들을 보니 참 즐거워 보였다. 아름다운 불꽃놀이를 보며 스위스의 날에 스위스를 여행할 수 있다는 사실에 감사했다.

그러나 그 감사함도 잠시. 12시가 넘어서까지 곳곳에서 터지는 폭죽과 둥둥거리는 음악 소리에 질려, 하필 스위스의 날에 왔다고 투덜거리며 시끄러운 귀를 부여잡고 잠이 들었다.

스위스 밤하늘을 수놓은 불꽃

> **Outro** 스위스 여행 3일 차의 일기.
>
> 스위스의 수많은 기차 중 인터라켄과 루체른을 연결하는 기차에만 골든 패스라는 이름을 선물한 이유를 알 것 같았다.
>
> 인터라켄으로 돌아와 저녁 식사를 마치고 나오니, 8월 1일 오늘은 스위스 국경절로 인터라켄의 모든 주민이 모인 듯한 광장에 불꽃으로 수를 놓기 시작했다. 사진으로 담을 수 없을 만큼 아름다웠고, 8월 1일에 여행 온 나는 운이 참 좋다는 생각했다.
>
> 그리고 지금 시각 밤 12시 11분. 계속 밤하늘에 수를 놓는다. 제길. 둥둥거리는 음악 소리가 너무 커서 귀를 막았다. 얻는 게 있으면 잃는 것도 있나 보다. 근데 이 사람들 너무 신난 것 같다. 망했다.

✈️ 체르마트 마터호른을 보며 하이킹

> **Intro** 중학교 1학년이었던 14살에 만나, 스위스 여행을 떠났던 28세가 될 때까지 14년이 흘렀다.
>
> 모르고 지낸 세월보다 알고 지낸 세월이 길어, 혜민이에 대해서는 어느 정도 알고 있다고 생각했었는데, 스위스 여행을 통해서 그녀에 대해 모르는 게 너무나 많았다는 사실을 깨달았다. 그녀는 걱정을 찾아내는 능력이 있는 게 아닌가 싶을 만큼 걱정 찾기의 고수였고, 시원한 커피 한잔에도 큰 행복을 느끼는 긍정왕이었다.
>
> 1. 기차를 놓치면 숙소에 못 갈까 봐 걱정.
> 2. 숙소가 다를 때에는 혼자서 체크인을 못 할까 봐 걱정.
> 3. 비행기를 탈 때는 비행기가 떨어질까 봐 걱정.
> 4. 패러글라이딩하기 전에는 패러글라이딩이 무서울까 봐 걱정.
> 5. 하이킹할 때는 힘들어서 포기할까 봐 걱정.
>
> 온갖 걱정 후에는 지난 걱정이 허무할 만큼 행복한 표정으로 모든 걸 즐겼다. 체르마트에 갈 때는 '오후에 도착하면 구름에 가려 마터호른을 볼 수 없을 가능성이 높다더라'라는 혜민이의 걱정 때문에, 아침 일찍 체르마트로 떠났다.

체르마트는 환경보호를 위해 화석 연료를 사용하지 않는 전기 자동차나 마차만 운행하는 친환경 도시였다. 고르너그라트의 세 개의 하이킹 코스를 모두 걷는 것은 무리일 것 같아, 일단 한 번 걸어보고 힘들면 기차를 탈 생각으로 고르너그라트 왕복 산악 열차표를 샀다.

산악 열차를 타고 도착한 고르너그라트 정상에서 본 거대한 알프스산맥의 웅장하고 근엄한 모습은 너무나 놀라웠다.

"정말 아름답다가 아니라 웅장하다가 맞는 표현인 것 같아. 리기 산이 산들의 여왕이라면 마터호른은 산들의 장군이 아닐까?"

웅장한 모습에 놀라움도 잠시, 세찬 바람과 초겨울 수준의 차가운 날씨에 몸이 움츠러들었다. 다들 어떻게 알았는지 패딩이며 두꺼운 후드티를 챙겨 입고 왔는데 나만 반바지 차림이었다. 여행지에서 만난 사람들이 고르너그라트는 무척이나 춥다고 이야기해 주었지만 한여름에 추우면 얼마나 춥겠냐며 무시한 혹독한 대가였다.

급이치는 설산

체르마트역

Tip 고르너그라트 하이킹 코스

고르너그라트 하이킹 코스는 <Gornergrat Swiss Topwalk>라는 이름으로 불리며 7월~10월까지만 하이킹이 허용된다. 초여름까지는 적설로 인하여 하이킹이 불가하다.

<Gornergrat Swiss Topwalk>
(6.3km, 2시간 30분)

- 15번 코스, 조망 길 (Aussichtweg) : 고르너그라트(3085m) → 로텐보덴(2815m) (총 1.9km 40분)
- 21번 코스, 리펠제 호수 길(Riffelseeweg) : 로텐보덴(2815m) → 리펠베르크(2583m) (총 3.2km 1시간)
- 18번 코스, 마크 트웨인 길(Mark Twain Weg) : 리펠베르크(2583m) → 리펠알프(2215m) (총 2.5km 50분)

15번 코스인 조망 길(Aussichtweg)을 걷기 시작했다. 조망 길은 빙하와 마터호른을 비롯해 29개의 4000미터 급 고봉을 감상하며 내려가는 길로, 다른 코스에 비해 다소 삭막한 기분이 들었다. 게다가 가장 높은 곳에 위치해 있어 춥기도 가장 춥거니와, 거대한 바람 덩어리가 나를 툭 툭 치고 지나가는 바람에 눈물이 났다. 바람이 불면 눈물을 흘리는 안구 건조증에 의한 것이기도 했고, 만년설의 무서움을 인지 못했던 나의 무지에 대한 후회의 눈물이기도 했다.

"솔아 네 다리 파래"
"동상이야? 사람들이 춥다고 할 때 말을 들었어야 했나 봐."

조망길의 시작 고르너그라트에서

 한여름에도 매우 춥다.
→ '추우면 얼마나 춥겠어'라고 무시했다가 큰코다친다.

조망 길

리펠제 호수 길

　만년설로 뒤덮인 조망 길을 지나 아름다운 21번 코스 리펠제 호수 길(Riffelseeweg)에 도착했다. 리펠제 호수 길은 맑은 리펠제 호수를 통해 호수 안에 비친 마터호른을 볼 수 있는 코스로 조망 길보다는 덜 삭막한 느낌의 걷기 쉬운 길이었다.

　리펠제 호수 길을 시작하기 전, 리펠제 호수 앞에 앉아 호수에 비친 웅장한 마터호른을 보고 싶어서 꽤 오랫동안 마터호른을 바라보았다. 혹시 구름에 가려 마터호른의 머리를 보지 못하게 될까 봐 새벽같이 일어나 출발 한 터라, 새벽부터 굳건하게 마터호른을 가리고 있는 구름이 야속했지만, 마터호른의 봉우리를 토블론 초콜릿으로 대신하니 딱 맞아떨어졌다.

　아름다운 호수를 간직한 리펠제 호수 길을 지나, 초록 잔디의 18번 코스 마크 트웨인 길(Mark Twain Weg)에 도착했다. 이곳은 소설가 마크 트웨인이 자신의 책 〈Climbing the Riffelberg〉에 서술해 놓은 코스로 아름다운 전망을 즐기며 하이킹할 수 있는 코스이다.

리펠제 호수에 비친 마터호른

초록 잔디의 마크 트웨인 길 역시 만년설로 뒤덮인 조망 길, 호수를 품은 리펠제 호수 길과는 또 다른 느낌이었다. 거대한 알프스는 크기만큼이나 각양각색의 다양한 모습을 가지고 있었다. 한참을 걷다가 혜민이가 물었다.

"저기 보이는 곳이 끝 아니지?"
"맞는 것 같은데?"
"50분이라며."

구글 지도에서는 46분, 공식 사이트에서는 50분 정도가 소요 된다고 했으나, 사진 찍고 노래를 따라 부르며 천천히 걷다 보니 한참 더 걸렸다.

"혜민아, 나는 세 개의 코스 다 완주할 줄 몰랐어. 너 정말 대단하다!"
"나도 내가 다 걸을 줄 몰랐어. 근데 걷다 보니까 신나서 걷게 되더라."

2시간 30분짜리 하이킹 코스를 4시간을 훌쩍 넘기고서, 저녁은 숙소에서 직접 해 먹겠다며 부리나케 인터라켄으로 향했다.

마크 트웨인 길 '저기가 끝 아니지?'

Tip 하이킹할 생각이 있다면 고르너그라트 행 편도 기차표를 사자.

편도 기차표로 고르너그라트로 올라가서, 하이킹을 마치고 다시 편도 표를 사서 내려오는 것이 저렴하다. 세 코스의 하이킹을 완주하지 않더라도 편도를 두 번 끊는 게 저렴하다.

세 개의 코스가 각각 다른 느낌의 다른 풍경을 보여주므로, 체력이 된다면 세 코스 모두 걷기를 추천한다. 지리산이나 북한산 둘레길, 제주도 올레길보다 쉽다.

산악 기차

숙소로 향하던 우리의 목표는 숙소에서 직접 밥을 해 먹는 것이었다.

1. 인터라켄에 도착했을 때에는 쿱(coop) 문이 닫혀있을 수 있으니, 체르마트의 쿱(coop)에서 파스타 재료와 와인을 산다.
2. 기차를 타고 인터라켄으로 향한다.
3. 인터라켄의 혜민이네 숙소에서 파스타를 해 먹는다.
   (체크아웃은 아침에 끝내고 짐만 보관해 둔 상태)
4. 식사 후 짐을 챙겨 그린델발트 숙소로 가서, 깔끔하게 샤워하고 잔다.

그러나 결과는 참담했다.

1. 인터라켄에 도착했을 때에는 쿱(coop) 문이 닫혀있을 수 있으니, 체르마트의 쿱(coop)에서 파스타 재료와 와인을 샀다.
2. 기차를 타고 인터라켄으로 향했다.
3. 혜민이네 숙소에서 파스타를 해 먹으려는데, 가스레인지 앞엔 사람들이 너무나 붐벼서 요리할 장소가 없었다.
4. 나의 숙소로 가서 파스타를 위한 물을 끓이며 시계를 보니, 더 이상 시간을 지체했다간 그린델발트에 갈 수 없는 시간이었다.
5. 돈은 있으나 시간이 없어서 식당에서 밥을 사 먹을 수도 없었다.
6. 결국 파스타 재료와 와인은 짐이 되었고, 컵라면 하나 대충 먹고는 기차를 타고 그린델발트로 이동했다.
7. 그린델발트 숙소까지는 잘 찾아 갔으나, 늦은 체크인이라 관리자가 없어서 방 열쇠를 찾는데 30분 이상 걸렸고, 너무 늦은 시간이라 씻지도 못하고 잤다.
8. 배가 고파서 눈물이 났다.

체르마트 안녕!

Outro 걱정 많은 혜민이를 보며 잊고 지냈던 나의 첫 여행이 생각났다.

나도 비행기를 처음 탈 때는 비행기가 떨어질까 봐 무서웠고, 비행기 공포증은 여러 차례의 국내여행과 해외 배낭여행까지 이어졌다.

"세상에서 가장 사고율이 적은 교통수단이 비행기야."

"대신, 사고 나면 바로 죽잖아."

그러다 제주도 여행에서 세상에서 가장 무서운 교통수단은 비행기가 아니라 내가 운전하는 자동차라는 사실을 깨달으며 안심하기 시작했고, 두 번의 환승으로 비행기에 질릴 대로 질렸던 터키 여행을 마친 후에야 비행기 공포증을 이겨냈다. 혼자 동남아 일주와 북남미 여행을 다녀왔던 친구는 자신도 처음에는 모든 게 두렵고 무서웠다고 했다.

누구나 <처음>은 두렵고 무섭기 마련이지만, 경험이 쌓이게 되면 도전이 두렵지 않게 되고, 돌발 상황을 즐기게 되며, 새로운 경험을 쌓는 즐거움을 알게 된다. 다들 처음에는 무섭고 겁이 나지만, 그럼에도 불구하고 도전을 하고, 해보니 별거 아님을 깨닫고, 별거 아닌 경험을 통해 능력치를 키운다.

✈ 액티비티했던 그린델발트에서의 하루

> **Intro** 가장 아름다웠던 그린델발트의 밤하늘.
>
> 그린델발트의 밤하늘을 바라본 후, "살면서"라는 말을 자주 한다.
> "살면서 한 번쯤은 스위스에 가봐야 해."
> "살면서 한 번쯤은 시원한 맥주 한 병들고 스위스 그린델발트의 잔디에 누워, 별 반 어둠 반인 밤하늘을 바라봐야 하지 않겠어?"
> "한 번 사는 인생, 예쁜 거 많이 보고, 맛있는 음식 많이 먹으면 좋잖아."
>
> 그러고 보면 살면서 꼭 경험해 봐야 할 게 참으로 많다.

밤 11시가 넘어서야 그린델발트 역에 도착했다. 체크인 시간이 훌쩍 지난 시간이어서 숙소 열쇠박스에 따로 보관되어 있다던 열쇠를 삼십 분 이상 애먹으며 어렵게 찾아 숙소에 들어가니, 칠흑 같은 어둠 속에서 모두 곤히 자고 있었다.

물론 밤이기는 했으나 아직 12시도 안 되었는데 한 명도 빠짐없이 자고 있는 것이 신기했다. 샤워는 포기하고 대충 씻으려고 세면도구를 챙기는데, 핸드폰 플래시를 켠다는 것이 잘못해서 노래를 켜버렸다. 칠흑 같은 어둠 속, 조용한 그린델발트 밤에 나지막이 울려 퍼지기 시작한 김진표의 〈쿨하게 헤어지는 방법〉

'젠장'

왜 하필 핸드폰에 담겨있던 수많은 노래 중 힙합일까? 최신 가요도 있는데 왜 하필 2008년도 노래일까? 왜 하필 김진표의 〈쿨하게 헤어지는 방법〉일까? 후회와 창피함과 민망함이 몰려왔다. 너무 당황해서 노래가 꺼지지도 않았다.

당황한 얼굴로 혜민이를 보니 다들 곤히 자는 방에서 굳이 세면도구를 찾겠다고 플래시를 켜다가 주크박스를 실행한 나와 달리, 캐리어를 끌고 복도로 나가 짐을 정리하고 있었다.

10인실 도미토리에 침대는 1층과 2층에 하나씩 비어 있었다.

"네가 1층 써. 내가 2층 쓸게."

2층으로 올라가려는데 2층으로 올라가는 사다리가 없었다. 당황했지만 밤이라 내가 못 찾는 거라 생각하며 1층 사용자의 침대를 밟고 꾸역꾸역 2층으로 올라갔다. 겨우 올라가서 보니 침대에 난간도 없는데다, 벽과 떨어져 있어 잠버릇이 고약한 사람은 뒤척이다가 떨어질 수도 있는 어이없는 침대였다. 어이없는 2층 침대에 몸을 누이고 나니, 분이와의 유럽 여행에서 절대 2층 침대 안 쓰겠다고 다투던 것이 생각나 분이에게 미안한 마음이 들었다.

그린델발트의 아침

그린델발트의 아침이 밝았다. 난감한 침대와는 대조적으로 창밖 풍경은 충격적이었다. 그림 같은 그린델발트의 풍경을 바라보며 조식을 먹고 그린델발트 곤돌라 승차장으로 향했다.

"패러글라이딩 표 있나요?"
"네. 12시 표 있어요."
"네. 살게요!"
"곤돌라 편도 표도 사야 해요."
"네. 주세요."
"11시 30분에 여기로 와서 주황색 옷 입은 사람을 따라가세요."

그러니까 지금부터 무려 3시간 동안 그린델발트 곤돌라 승차장 주변에서 놀다가, 11시 30분에 곤돌라를 타고 피르스트 정상으로 올라가 패러글라이딩을 하란다.

"8시 30분인 지금 피르스트 정상으로 올라가서 바흐알프제 하이킹을 하고, 12시에 피르스트 정상에서 그린델발트로 내려오는 패러글라이딩을 하면 안돼요?"
"그럼 12시까지 스포츠 샵에 가서 기다리세요. 그러면 주황색 옷을 입은 사람이 데리러 갈 거에요."

피르스트를 야무지게 즐기기로 했다.

피르스트를 야무지게 즐기는 방법

그린델발트에서 피르스트까지 올라 갈 때에는, 두 개의 정거장에서 정차를 한다. 그린델발트(Grindelwald) - 보르트(Bort) - 슈렉펠트(Schreckfeld) - 피르스트(Frist)

<대부분의 사람들이 피르스트를 즐기는 방법>
- 패러글라이딩을 할 것이라면 그린델발트에서 피르스트까지의 편도권을 끊고, 피르스트에서 패러글라이딩으로 그린델발트로 내려오면 된다.
- 마운틴 카트를 탈 것이라면 그린델발트에서 슈렉펠트까지 편도권을 끊고, 슈렉펠트에서 마운틴 카트를 타고 보르트까지 내려와서, 보르트에서 그린델발트 편도권을 끊고 내려오면 된다.
- 트로티바이크를 탈 것이라면 그린델발트에서 보르트까지의 편도권을 끊고, 보르트에서 트로티바이크를 타고 그린델발트로 내려오면 된다.

<내가 피르스트를 즐긴 방법>
오전
- 그린델발트에서 피르스트까지의 편도권을 끊고 피르스트로 향함
- 바흐알프제 하이킹을 함(왕복)
- 피르스트에서 패러글라이딩으로 그린델발트로 내려옴

오후
- 그린델발트에서 슈렉펠트까지의 편도권을 끊고 슈렉펠트로 향함
- 마운틴카트를 타고 슈렉펠트에서 보르트까지 내려옴
- 트로티바이크를 타고 보르트에서 그린델발트까지 내려옴

<내가 즐긴 피르스트 티켓 가격>
- 그린델발트-피르스트 1WAY : CHF 14.5
- 그린델발트-슈렉펠트 1WAY : CHF 12.5
- 패러글라이딩 : CHF 180
- 패러글라이딩 사진 : CHF 40
- 마운틴 카트 : CHF 19
- 트로티바이크 : CHF19

피르스트 정상에서 바라본 알프스

곤돌라를 타고 피르스트 정상에 도착하여, 1시간 이상 걸어 도착한 바흐알프제의 모습은 '혹시 내가 그림을 보고 있는 건 아닌가?' 의심이 들 만큼 비현실적인 풍경이었다. 여러 나라를 여행하다 보면 사진이 더 예쁜 도시가 있는가 하면, 사진으로는 절대 담을 수 없는 도시가 있다. 바흐알프제는 후자였다. 눈으로 보는 것만큼 사진이 나오지 않아 사진을 포기하고 벤치에 앉아 한참을 바라보았다.

자유롭게 생활하는 동물들

나를 스위스로 이끈 혜임 언니의 바흐알프제 사진보다도, 직접 본 바흐알프제는 더욱 황홀했다. 스위스 알프스의 가장 큰 매력은 하얀 설산과 초록 잔디 산을 한꺼번에 볼 수 있다는 점이 아닐까 싶다. 물론 하얀 설산과 초록 잔디가 어우러진 모습은 초록 잔디가 올라오는 여름에 가야 볼 수 있다. 자연경관이 아름다운 스위스를 여행하며 많은 호수를 보았지만, 그중에서 피르스트의 바흐알프제는 단연 최고였다.

스위스를 닮은 나무집

바흐알프제에서 다시 피르스트 정상으로 돌아오는 길은 40분도 안 걸렸다. 다만 바흐알프제로 향하는 길과 바흐알프제에서 꽤 오랜 시간 머물렀기 때문에 1시간 40분이면 충분하다는 바흐알프제 하이킹 코스가 2시간 30분이나 걸렸다. 피르스트로 돌아와 웅장한 아이거 북벽을 바라보며 피르스트 플리프 워크를 걸었다.

피르스트 플리프 워크

피르스트 플리프 워크에서 내려와 피르스트 정상의 스포츠 샵에서 기다리고 있으니, 자칭 제임스 본드가 우리를 데리러 왔다. 그와 함께 패러글라이딩하는 장소로 향하며 가슴이 설렜다.

'한국에서도 해보지 못한 패러글라이딩을 스위스에서 해보는구나!'
'또 하나의 꿈을 이루는구나!'
'스위스의 하늘을 날아보는구나!'

"핸드폰이나 액션 캠으로 사진을 찍으면 안 돼요. 사진은 내가 찍을 거고 만약 사진을 원한다면 40프랑에 살 수 있어요."

패러글라이딩을 하기 전 본드는 여러 가지 주의 사항을 설명했고, 마지막에는 40프랑짜리 사진 홍보도 잊지 않았다. 패러글라이딩 사진과 동영상은 무조건 사겠노라 마음을 먹었었기 때문에 40프랑이 전혀 아깝지 않았다.

패러글라이딩하다

그러나 패러글라이딩을 하기 위해 안전모를 받는 순간, '아 사진은 망했구나!' 생각했다. 역시 불길한 예감은 틀리지 않았다. 분명 예상은 했지만 막상 집에 돌아와 큰 화면으로 사진과 동영상을 보니 모두 가관이었다.

하지만 40프랑이 아까우니 패러글라이딩을 했다는 사실에 의의를 두고 사진은 가보로 남기기 위해 책상 서랍 맨 끝에 모셔 두었다. '다들 안전모를 쓰던데, 왜 나에게는 골무를 준 것일까?' 억울했지만 본드도 골무를 쓰고 있어서 투정할 수 없었.

패러글라이딩을 마치고 내려오니 1시쯤이었다. 처음 계획은 융프라우에 가는 것이있으니, 점심을 제대로 챙겨 먹고 융프라우에 가면 늦을 것 같고, 그렇다고 점심을 부족하게 먹기엔 참을 수 없는 배고픔이었다. 융프라우 대신 숙소에서 파스타를 해 먹기로 하고 숙소로 돌아갔다.

전날 저녁에 먹으려고 샀다가 시간이 없어서 못 해 먹었던 파스타를 해 먹고 있는데, 젊은 한국인 청년이 우리에게 다가와 오늘 저녁 6시에 바비큐 파티를 할 건데, 같이 하겠냐고 물었고, 좋다고 대답했다.

"어차피 융프라우 올라갈 돈도 남았는데 그냥 펀 패키지를 할까?"
"플라이어는 줄이 엄청 길어서, 지금 가면 못 탈 수도 있어요. 저도 어제 2시간 기다리고 탔는데, 진짜 몇 초 못타요. 플라이어 말고 마운틴 카트라고 이번에 새로 생긴 게 있는데 그것도 재미있어요."

배부르게 점심을 먹고 침대에 올라 남은 시간에는 뭘 할지 상의를 하는데, 아까 그 청년이 대신 대답했다. 청년의 충고대로 플라이어가 포함된 펀패키지는 포기하고, 마운틴 카트와 트로티 바이크를 타기로 했다.

피르스트

마운틴 카트에서

    마운틴 카트는 다리를 뻗고 타야 하기 때문에 키가 작은 어린이들은 탈 수 없다. 마운틴 카트를 타기 위해 기다리고 있는데 안전 요원이 우리보다 늦게 온 선남선녀에게 먼저 탈 것을 제안했다. 왜 그런가 봤더니, 마운틴 카트 사이즈는 다리 길이에 맞게 대 중 소로 나누어져 있으며 〈대〉자 2대가 남아 있었다.
    우리 뒤의 여러 명에게는 〈대〉를 탈 수 있는지에 대한 여부를 체크할 기회를 주었지만, 우리에겐 체크를 할 기회조차 주지 않았다. 물론 시간 낭비라는 것은 알고 있었으나 괜히 서운했다. 페달이 없어 피르스트의 경사에 의존하여 달리는 마운틴 카트는 나의 질주 본능을 깨웠고 브레이크를 잡지 않고 계속해서 질주했다. 누워서 타는 자전거인 마운틴 카트가 신기하다며 사진을 찍기 위해 정차하는 사람들도 많았지만 나는 크게 소리를 지르며 쉼 없이 달렸다.
    보르트에 도착해 마운틴 카트 반납 후, 트로티 바이크로 갈아탔다. 트로티 바이크는 마운틴 카트와 마찬가지로 피르스트의 경사에 의존하여 달리는 페달 없는 킥보드였다. 트로티 바이크에 오르는 순간, 트로티 바이크와 한 몸이 된 나는 다시 신들린 듯 질주했다. 많은 이들을 요리조리 제쳐가며 빠르게 달려 나갔고, 잘 따라오던 혜민이도 따돌려며 신나게 달리는데 갑자기 자동차가 쌩쌩 달리는 도로가 나왔다.

'도로가 나올 수도 있지'라는 생각에 열심히 달리는데 이번엔 오르막길이 나왔다.

'트로티 바이크는 페달이 없기 때문에, 루트가 내리막길로만 되어 있다고 들었는데 뭐지?'

"저기... 우리 길을 잘못 든 것 같은데요?"

한국인이 건넨 '우리'라는 공동체적인 단어에 웃음이 터져 나왔다. 신나게 잘 달리는 나를 믿고 뒤를 따라오던 청년은 나와 함께 길을 잃었다.

"길을 잘못 들 곳이 있었나요?"
"아까 두 갈래 길이 있었는데, 왼쪽으로 갔어야 했던 것 같아요."

청년의 이야기를 듣고 왔던 길로 돌아가니, 달릴 때는 몰랐던 두 갈래 길이 나왔다. 그렇게 돌고 돌아 도착하니 혜민이는 이미 도착해서 나를 기다리고 있었다.

가성비 최고의 저녁 식사를 하며 바라본 풍경

트로티 바이크를 반납하고는 숙소의 두 청년이 말했던 바비큐 파티에 참석하기 위해 숙소로 돌아왔다. 물가 깡패라 불리는 스위스의 호스텔들은 대부분 조리할 수 있는 조리대가 갖춰져 있고, 대부분의 여행자들은 음식을 사먹기 보다는 직접 요리해 먹는다. 그리고 조리대에서 삼겹살을 굽거나 거창한 요리를 해먹는 사람 대부분은 한국인들이다. 스위스에서 단돈 4유로로 먹는 고기와 맥주는 가성비 최고의 식사였고, 스위스 그린델발트의 풍경을 바라보며 먹는 바비큐 파티에 초대해 준 것에 대한 감사의 표시로, 전날 못 마신 와인과 한국에서 사 왔던 소주 한 병을 꺼내어 함께 식사를 하던 사람들과 나눠 마셨다. 여행 첫날 가방을 통째로 도난당해서 한국으로 돌아가려다가 마음을 다잡고 스위스에 왔다던 청년과 그의 친구는 지난날의 나의 유럽 여행을 떠올리게 했다.

식사 후 두 청년과 함께 보러 나간 축제의 현장에서 거리의 악단들 연주에 맞춰 춤을 추다가 숙소로 돌아오는 길에 바라본 밤하늘은 무수한 별들이 춤을 추는 검은 도화지 같았다. 까만색 도화지 반, 하얀색 별 반인 모습은 그린델발트의 모든 장소에서 볼 수 있는 게 아니라 빛이 적고 어둠이 깊은 곳에서만 볼 수 있었다.

별을 보러 간다는 청년들을 또 흔쾌히 따라나서서 빛을 피해 우리가 도착한 곳은 오전에 패러글라이딩을 하고 내려온 장소였다. 초록 잔디밭에 누워 맥주를 마시며 밤하늘을 바라보니 칠흑 같은 어둠에 별이 빼곡했다. 그리고 시도 때도 없이 떨어지던 별똥별. 누워서 눈을 끔뻑거리며 별똥별을 바라보고 있는데, 혜민이가 나를 일으켜 세웠다.

"저기 카시오페이아."
"별이 이렇게나 많은데, 어떻게 선을 그려도 별자리가 되겠다."

무수한 별들 속에서도 카시오페이아는 도드라지게 밝았다.

Outro 그린델발트의 밤하늘은 정말 대단했다. 불빛 하나 없는 잔디에 누워 밤하늘을 바라보니, 무수한 별들이 밤하늘에 수를 놓고 있었다.

그린델발트에서 본 밤하늘을 꼭 부모님께 보여주고 싶었지만, 카메라에 그 모습을 담을 수가 없었다.

"스위스의 밤하늘은 정말 최고야. 별 반 하늘 반이었어!"

"한국에서도 빛 없고 공기 맑은 곳에 가면 별들이 많이 보여."

한국에 돌아와 스위스의 밤하늘을 이야기하니, 엄마가 말씀하셨다.

피르스트 바흐알프제에서

✈ 호텔의, 호텔에 의한, 호텔을 위한 아델보덴

> **Intro** 아델보덴에 가게 된 이유는 오직 더 캠브리안 호텔 때문이었다.
> 죽기 전에 꼭 가봐야 할 이색 호텔 수영장이라는 더 캠브리안 호텔의 수영장에 꼭 가보고 싶었고, 생애 첫 해외여행의 로망을 갖고 있던 혜민이에게 좋은 호텔에서의 하루를 선물해 주고 싶었다. 또한 나와의 여행은 저렴한 대신 불편하다는 오명을 깨고 싶었다.
> "이거 허솔 투어 맞지? 허솔 캠프 아니지? 특전사 캠프 아니지?"
> "허솔 투어도 호텔 간다."
> 여행 계획을 말해주면 되묻던 친구들에게 보여주고 싶었다.

아델보덴에서의 호텔은 지금까지 나의 여행 중 가장 비싼 숙소였다. '이렇게 비싼 숙소를 굳이 친구와의 여행에서 예약할 필요가 있을까?' 고민하며 예약한 숙소였지만 여행 6일 차에 호텔을 예약한 것은 탁월한 선택이었다.

여행 첫날은 기차를 놓쳐 잔뜩 긴장한 채 숙소에 들어가 3시간 밖에 못 자고 일어나 여행을 했고, 여행 둘째 날부터 다섯째 날까지는 단 하루도 빠지지 않고 각 도시의 알프스산맥을 하이킹했기 때문에 체력은 이미 바닥을 보이고 있었다. 여행 6일 차 아침에 그림 같은 도시 그린델발트에서의 아침을 맞이하며, '누가 내 몸을 흠씬 두들겨 팬 건 아닌가?'하는 의심이 들었다. 매일 이어지는 하이킹 일정은 이미 쿠크다스가 된 체력으로 소화하기에는 너무나 많았다.

그린델발트 안녕

 그린델발트에서 아델보덴의 더 캠브리안 호텔 찾아가기

→ 그린델발트에서 아델보덴의 더 캠브리안 호텔로 가기 위해서는 기차를 두 번 갈아타고 버스를 한 번 갈아타야 한다.

<기차와 버스를 이용한 가장 빠른 방법>>
- 그린델발트 → (기차) → 인터라켄 오스트
- 인터라켄 오스트 → (기차) → 슈피츠
- 슈피츠 → (기차) → 프루티겐 (아델보덴)
- 프루티겐 → (버스) → 호텔

이동시간을 감안해도 호텔 체크인 시간까지는 오전 시간이 남았고, '남은 오전 시간에 무엇을 할까?' 고민하다가, 조금 오래 걸리더라도 툰 호수 유람선을 포함하기로 했다.

<유람선을 포함함으로써 굳이 천천히 가는 방법>
- 그린델발트 → (기차) → 인터라켄 오스트
- 인터라켄 오스트 → (기차) → 인터라켄 웨스트
- 인터라켄 웨스트 → (유람선) → 슈피츠
- 슈피츠 → (기차) → 프루티겐 (아델보덴)
- 프루티겐 → (버스) → 호텔

그린델발트 역에서 인터라켄 오스트 역까지는 잘 도착했다. 인터라켄 오스트 역에 도착해서 인터라켄 웨스트 역으로 향하는 기차로 갈아타기 전 시계를 보니 환승 시간이 촉박했다. 뭉그적거리다 마지막 기차를 놓쳤던 여행 첫날의 실수를 반복하고 싶지 않았기에 전력 질주로 눈앞에 보이는 기차에 잽싸게 올라탔다.

그런데 출발 시간이 지나도 기차가 출발을 안 한다. '아 스위스 기차도 연착이 되는구나' 생각할 무렵 기차가 출발했다.

"역시 스위스 기차는 출발 시간을 딱 맞춰 출발하네."

기차가 출발하자 우리 옆에 앉아 있던 한국인 가족의 대화 소리가 들렸다. 그들의 대화가 이해되지 않았던 나는 혜민이를 바라보았다.

슈피츠 역에서 바라본 툰 호수

"혹시 이 기차 어디 가나요?"
"루체른 가는 기차예요."

출발 시간이 딱 맞는다던 분께 묻자 루체른 행 기차란다. 반대 방향 기차에 올라타는 바람에 계획하지 않았던 골든 패스 라인 기차를 또 타게 된 것이다. 아름다운 풍경을 두 번 보라는 신의 뜻이라고 스스로를 위로하며 골든 패스 라인을 한 정거장 달린 후 브리엔츠 역에서 내렸다. 그리고 다시 인터라켄 웨스트 역으로 향하는 기차를 탔다. 결국 세상에서 가장 아름다운 기차 풍경인 골든 패스 라인을 왕복 두 번, 총 네 번 탄 셈이다. 정말 신의 축복이 아닐 수 없었다.

인터라켄 웨스트 역에 도착하자 툰 호수 유람선으로 갈아타기 위해 전력질주로 달려 무사히 툰 호수 유람선에 탑승할 수 있었다. 잔잔한 툰 호수 위를 달리던 유람선은 우리에게 그림 같은 풍경을 선물했다.

또다시 만난 골든 패스 라인

더 캠브리안 호텔 수영장에서 바라본 알프스

프루티겐 역에서 40분 정도 버스를 타고 도착한 더 캠브리안 호텔은 생각보다 아담하고 깔끔했다. 숙소에 도착하여 짐을 풀자마자 나를 아델보덴으로 이끌었던 호텔 수영장으로 향했다. 호텔 수영장에는 나와 혜민이를 포함하면 절반 이상이 한국인이었는데, 아무래도 한국 인터넷상에서 〈죽기 전에 꼭 가봐야 할 아름다운 호텔 수영장〉이라고 소개하는 글들이 많아서 인 것 같았다.

초등학교 1학년 때 자유형을 배우다 때려치우는 바람에 할 줄 아는 수영이라곤 개헤엄뿐이었지만, 알프스를 바라보며 수영을 하니 무척이나 황홀했다. 왜 생애 꼭 가봐야 할, 세상에서 가장 아름다운 호텔 수영장이라고 손꼽히는지 알 것 같았다. 하지만 알프스를 바라보며 수영하기 위해 꼭 캠브리안 호텔을 방문할 필요는 없다. 스위스에서는 사방이 알프스이고 호수에서 수영하며 바라보는 산도 알프스이기 때문에 어쩌면 호수에서 수영하는 편이 더 황홀할 것 같다.

더 캠브리안 호텔 수영장

알프스를 바라보며 커피 한 잔

아델보덴 골목

수영을 끝낸 후에는 알프스를 바라보며 커피 한 잔을 마셨다. 똑같은 커피라도 어디에서 누구와 마시느냐에 따라 기분이 다르다. 아름다운 풍경을 바라보며 커피를 마실 때 더욱 행복한 이유는 아름다운 풍경은 눈에 담고, 부드러운 커피는 커피 잔에 담아 한꺼번에 마실 수 있기 때문인 듯하다.

이왕 호텔까지 왔는데 저녁식사는 Coop에서 사 먹지 말고, 맛있는 스테이크를 먹어보자며 '아델보덴의 스테이크 맛 집'을 찾아 파스타와 스테이크 하나씩을 주문했다.

식당 끝에 샐러드 바가 보이길래 주문한 음식에 샐러드 바가 포함되어 있는지 물으니, 웨이터는 "No Problem"이라며 어깨를 으쓱한다. 웨이터의 말에 무료인 줄 알고 샐러드 바를 자유롭게 이용했는데 식사 후 영수증을 보는 순간 내 눈을 의심했다.

'한 끼에 12만원이라니! 와인도 안마시고 밥만 먹었는데! No Problem이라고 해놓고....'

식사를 마치고 식당에서 나오니 비가 추적추적 내리고 있었다. 시간이 남으면 하이킹을 할 계획이었는데 하필 비가 온다.

여행 중에 비가 와서 아무것도 못 하는 날에는 시간이 아쉬워 발만 동동 구르곤 했는데, 이날은 비가 그렇게 반가울 수가 없었다. 추적추적 내리다가 소낙비가 된 비 덕분에 호텔에서의 하루를 휴식으로 마감할 수 있었다.

비 오는 아델보덴

Outro 지친 여행 중에 호텔에서의 하루는 정말 꿀맛 같은 휴식이었다. 여행 6일 째 날이 되어서야 나의 체력은 5일짜리라는 사실을 깨달았다.

'앞으로 나는 긴 여행을 못하는 건가?'라는 의문이 들기도 했지만, 쿠크다스 체력은 5일 여행하고 하루 쉬고 또 5일 여행하고 하루 쉬면 된다.

✈ 레만 호수 지역을 여행하다

> **Intro** 레만 호수 지역을 여행하게 된 가장 큰 이유는 비행기의 인 아웃이 제네바였기 때문이다. 비행기의 인 아웃을 정할 때는 하고 싶은 것과 이동 방법 등을 생각해서 예약해야 하는데, 별 고민 없이 예약부터 하는 습관이 있다. 이런 몹쓸 습관 때문에 여행 루트가 꼬인 적이 한두 번이 아닌데도 말이다.
>
> 제네바 in out으로 비행기 표를 예매해 놓고 레만 호수 지역을 여행하지 않는다면, 무의미한 in out이 될 것 같아서 레만 호수 지역을 여행 일정에 포함 시켰다. 그래도 다행인 것은 스위스 가서 꼭 하고 싶은 게 뭐냐고 혜민이에게 물으니 레만 호수 지역에 가고 싶다고 대답했다. 어찌나 고맙던지. 생각 없이 선택한 in-out에 의미를 부여해주는 순간이었다.

버스 창밖 풍경

먹구름 낀 몽트뢰

몽트뢰 시옹성

시옹성으로 향하는 버스에서 혜민이와 이야기를 나누고 있는데, 교포 아주머니께서 말을 걸어오신다.

"몽트뢰는 어떻게 알고 여행하는 거예요? 다른 도시에 비해 유명하지 않을 텐데. 몽트뢰는 부자 동네예요. 외국의 돈 많은 사업가나 연예인들이 몽트뢰에 별장 하나씩을 사두죠. 스위스에 살면서 이곳저곳 많이 다녀봤지만 저는 몽트뢰가 가장 아름다운 것 같아요."

아주머니의 말씀에 몽트뢰가 더욱 기대되었다. 시옹성은 이탈리아에서 알프스를 넘어오는 상인들에게 통행세를 징수하고 도로를 차단하기 위해 9세기에 처음 세워진 중세성벽으로, 이후 요새, 병기창 및 감옥으로 사용 되었다고 한다.

시옹성에 도착하여 스위스 패스를 보여주니 입장권 없이 통과할 수 있었다. 밖에서 볼 때는 그리 넓어 보이지 않았는데, 모든 길이 미로처럼 연결되어 있어 시옹성 곳곳을 구경하는 데는 꽤 오랜 시간이 걸렸다. 큰 광장과 큰 방들이 모여 시옹성을 이루는 것이 아니라, 좁은 길과 작은 방들이 엮여 시옹성을 이루고 있기 때문에 하나하나 구경하기에는 꽤 넓게 느껴졌다. 시옹성은 나무로 만들어진 길과 기둥 그리고 천장이 참 매력적이었는데, 지금 내가 걷는 나무 아케이드 길이 아까 내가 보았던 지붕 같아 보이던 나무 통로라는 사실을 나중에야 알았다.

프레임에 시옹성을 담다

저녁은 몽트뢰를 뒤로 하고 돌아온 로잔에서 꼭 먹어보고 싶었던 햄버거를 먹었는데, 홀리카우 햄버거는 스위스에서 먹은 음식들 중 최고였다.

홀리카우 햄버거

"스위스 맛 집은 어디예요?"
"스위스에 맛 집이 있나요?"
"그럼 스위스에서는 뭐 드셨나요?"
"그냥 COOP에서 재료 사서 해먹었어요."

여행 전 스위스 맛 집을 물으면 여행자 대부분의 대답이 이랬을 정도로 맛집이 없다는 스위스에서 찾은 맛 집이 홀리카우 햄버거이다.

스위스의 무지개

그렇게 스위스의 마지막 날 로잔 여행을 마무리할 때쯤, 무지개를 보았다.

8박 9일간의 스위스 여행에서 내가 느낀 스위스 맛과 진실

1. 스위스에는 맛 집이 없을까?

→ 있을 거다. 다만 가격 대비 맛 집을 못 찾을 뿐. 비싼 값 주고 먹은 것 들 중 맛없다고 느낀 것은 없었다(아 있다. 퐁듀). 다만 가격이 부담이 될 뿐.

2. 스위스에서는 역시 퐁듀?

→ 모두들 먹지 말라고 했지만, 안 해보고 후회할 바에는 해보고 후회하겠다며 퐁듀를 주문했다. 그래서 해보고 후회했다. 돈이 아까워서 계속 손이 가긴 했으나, 퐁듀는 좀처럼 줄어들 생각이 없었다.

3. 스위스에서는 정말 음식을 해 먹나?

→ 호스텔마다 다르겠지만 내가 갔던 호스텔들의 주방은 터무니없이 작았다. 요리하고 싶어 하는 여행자가 50명이라면 주방은 10명도 수용하지 못할 만큼 작아서, 배고픔을 참지 못하던 나는 요리를 포기하고 라면을 먹곤 했다. 다만, 나만 배고픔을 참지 못하고 라면을 먹었지 다른 이들은 일찌감치 자리를 잡고 밥만 잘 해 먹은 것 같긴 하다.

4. 그럼 스위스에서는 뭘 먹나요?

→ 음식점은 비싸고 호스텔 주방은 너무 작아서 빵을 사 먹었던 날이 많았다. 빵순이라 9일 내내 빵만 먹어도 괜찮을 줄 알았는데, 나중에는 빵만 보면 토할 것 같았다. 요리해 먹는 편이 확실히 경비가 덜 들긴 하지만, 좋은 음식점에서 스테이크도 사 먹고 식재료를 사서 요리도 해 먹기를 추천한다.

결론은 많은 여행자들이 찾는 여행지임에도 불구하고 이렇게 맛 집 정보가 없는 여행지는 처음이었다. 스위스 음식에 대한 기대가 별로 없었던 만큼 실망도 없었다. 물가가 비싸고 나라를 대표할 음식이 마땅히 없는 스위스는 식도락 여행은 어울리지 않는 여행지인 것 같다. 부유한 여행자는 스위스 각 지역의 스테이크를 섭렵하고, 여행 자금이 넉넉하지 않은 여행자는 식료품 가게에서 재료를 사서 직접 해 먹는 것을 추천한다.

Outro 스위스에서의 마지막 밤. 마지막 도시 로잔.

매일매일 성실하게 찾아오는 스위스의 밤을 맞이하며 '이렇게 또 하루가 지나고, 하루만큼의 경험이 쌓이는 구나' 생각했다.

경험이 쌓인다는 것은 꽤 근사한 일이다. 앞으로도 많은 경험을 쌓는 삶을 살고 싶다.

그 어느 하루의 낮과 밤도 소중하지 않은 날이 없는데 그동안 많이 소홀했다. 돌아가면 다시 컴퓨터 앞에 앉아 캐드를 바라봐야 하겠지만 열심히 일해서 또 열심히 놀아야지.

스위스 안녕.